Serie Bianca  Feltrinelli

EMILIANO FITTIPALDI
LUSSURIA
**PECCATI, SCANDALI E TRADIMENTI
DI UNA CHIESA FATTA DI UOMINI**

© Giangiacomo Feltrinelli Editore Milano
Prima edizione in "Serie Bianca" gennaio 2017

Stampa Grafica Veneta S.p.A. di Trebaseleghe - PD

ISBN 978-88-07-17317-2

In questo libro vengono citate inchieste giudiziarie, alcune non ancora concluse: tutte le persone coinvolte e/o citate, anche se condannate nei primi gradi di giudizio, sono da ritenersi innocenti fino a sentenza definitiva.

Al capitolo *Il sistema* ha collaborato Valentina Redaelli.

www.feltrinellieditore.it
Libri in uscita, interviste, reading, commenti e percorsi di lettura. Aggiornamenti quotidiani

razzismobruttastoria.net

Lussuria

Prologo

Sono inchiodato su uno scranno nell'aula di giustizia del Vaticano, a due passi dall'attico di Tarcisio Bertone, quando mi torna in mente una telefonata di mia madre. Una domenica mattina assolata, di qualche mese fa. Rispondo al cellulare mentre tento di restare in equilibrio su una scala appoggiata a un ulivo ancora da brucare.
"Emiliano, sono mamma... C'è papa Francesco in televisione. Sta dicendo che sei un ladro... Ma che hai combinato!?"
"Tranquilla, ma'. Non ho rubato nulla..."
"Ma che stai facendo?"
"Raccolgo olive, ma'..."
Bergoglio aveva appena spiegato alla folla dell'Angelus stretta in piazza San Pietro che "rubare quei documenti è un reato, un atto deplorevole che non aiuta". Con quei documenti avevo appena pubblicato un libro, *Avarizia*. Il libro mi ha portato nel posto dove siedo ora. Nel tribunale di Dio.
Sposto gli occhi sul mio avvocato, poi sul promotore di giustizia che sta per iniziare la requisitoria finale. Ha una voce calda, da baritono. Mi è piaciuta subito, fin dal primo interrogatorio. Sta ricordando alla corte e al pubblico di giornalisti che ho divulgato carte ri-

servate e quindi ho commesso "reati contro la patria". "La patria" è il Vaticano.

"A Fittipaldi contestiamo il concorso morale per la divulgazione dei documenti..." Concorso morale, dice così.

Ascolto il sermone dell'accusa con il sedere incollato a una panca di legno, dove ci hanno piazzati tutti e cinque. Gli imputati. Il banco ha una sporgenza all'altezza della quinta-sesta vertebra toracica, e ci costringe a stare con la schiena dritta di fronte ai magistrati dell'accusa e ai giudici del collegio. La seconda opzione possibile, per riposarsi ogni tanto, è quella di genuflettersi, con i gomiti piantati nelle cosce a fare da leva.

È inizio luglio, e sotto l'ombra del cupolone di Michelangelo si soffrono comunque 35 gradi. Il tasso di umidità è tropicale, quello tipico delle ultime estati. "Che ci faccio qui?" mi chiedo mentre prego che il sudore non inzuppi la camicia bianca, sconfinando oltre le ascelle. "Perché i cardinali, che vivono a pochi metri di distanza da questa stanza, non li tocca nessuno?"

Da qualche tempo sto scartabellando nuovi documenti riservati, intercettazioni delle procure italiane e straniere, atti di commissioni internazionali. Sto incontrando preti e monsignori che mi raccontano che, oltre agli scandali economici, non sono finiti nemmeno quelli sessuali. Che gli *atti contra sextum* di sacerdoti che infrangono il sesto comandamento, "non fornicare, non commettere atti impuri", sono all'ordine del giorno. Che se nelle sacre scritture la dottrina omofoba è rimasta identica, una lobby gay interna gestisce ancora appalti e carriere. Che vescovi emeriti, come quello di Messina, predicano bene e poi diventano eredi universali nel testamento dei loro amanti. Che gli abusi sui più piccoli non sono affatto un fenomeno superato, e che nei primi tre anni di pontificato di Bergoglio sono arrivate alla Congregazione per la dottrina della fede 1200 denunce di molestie "verosimili" su ragazzini e ragazzine di mezzo mondo. Raccontano, soprattutto, che molti insabbiatori non sono stati puniti, bensì promossi sul campo. Che il cardinale George Pell, numero tre del Vaticano, è indagato per aver messo le mani addosso a due ragazzini che, da adulti, lo hanno denunciato. Prima di essere chiamato a Roma da Francesco, foto e documenti australiani segnalano che in passato ha accompagnato e sostenuto in tribunale un sacerdote molestatore seriale, ha aiutato economicamente predatori sessuali finiti in carcere, ha inviato una lettera a una ragazzina violentata da un suo prelato in cui si diceva che o accettava 30 mila euro come risarcimento e la chiudeva lì, o la Chiesa si sarebbe difesa "strenuamente" dalle accuse, sebbene Pell sapesse che erano vere. 30 mila euro: quando il patrimonio finanziario e immobiliare della sua vecchia diocesi, ho scoperto, vale 1,3 miliardi di dollari.

Pell è uno dei cardinali del C9, il gruppo ristretto di porpore che consiglia il Santo Padre sulla riforma e la gestione della Chiesa universale. Con lui c'è Óscar Rodríguez Maradiaga, uno degli uomini più ascoltati da Bergoglio. Tra il 2002 e il 2003 ha ospitato in una delle diocesi sotto il suo controllo il prete latitante Enrique Vásquez, un prelato incriminato dalla polizia del Costarica per abusi sessuali e inseguito vanamente dall'Interpol per quasi un lustro in mezzo continente americano. Con loro c'è anche il cardinale Francisco Javier Errázuriz, che per anni ha alzato le spalle di fronte alle denunce che gli arrivavano dalle vittime di un maniaco, padre Fernando Karadima, a cui ha anche promesso una grande festa per il suo addio al sacerdozio.

"Fittipaldi ha contribuito a rafforzare il proposito della rivelazione delle notizie..." continua il promotore. Sorrido.

Negli ultimi mesi sono stati favoriti e confermati monsignori omertosi, che hanno protetto e nascosto lussuria e delitti. In Spagna. In Lombardia. In Sudamerica. In Sicilia. Altri, incredibilmente, sono stati graziati dallo spirito santo: don Mauro Inzoli, potente prete di Comunione e Liberazione, condannato a più di quattro anni da un pm italiano che ha individuato un centinaio di peccati capitali "nonostante la Santa Sede non si sia prodigata a fornirmi gli atti", ha riavuto la tonaca. Non sappiamo perché: il Vaticano si è rifiutato di consegnare alla magistratura qualsiasi documento. Motivo: "Sono sub segreto pontificio". Come quelli di migliaia di altri predoni con il collarino ecclesiastico.

Commissioni ad hoc, dichiarazioni severe del pontefice, nuovi regolamenti, ma ancora oggi Santa Romana Chiesa (e la Conferenza episcopale italiana) non obbliga vescovi e sacerdoti a denunciare alle autorità civili i preti lussuriosi e criminali.

A due passi dal banco in rovere dove vengo giudicato è tornato a vivere anche monsignor Carlo Maria Viganò, il "moralizzatore", che un report americano indica come regista dell'occultamento delle pratiche sessuali di un vescovo emerito, famoso per essere un fiero antigay. È di casa anche Bertone, che anni fa graziò un prete pedofilo che aveva molestato duecento ragazzine e ragazzini disabili, giustificando il "no" a un processo canonico per "la difficoltà di provare un tale delitto e la difficoltà che hanno i sordomuti a fornire prove e testimonianze senza aggravare i fatti, tenuto conto sia dei limiti inerenti alla loro menomazione che della distanza dei fatti nel tempo".

Qui lavora pure il cardinale Domenico Calcagno, confermato da Francesco potente presidente dell'Apsa nonostante, come dimostrano documenti sequestrati dalla procura di Savona, abbia lasciato un maniaco sessuale libero di scorrazzare da un oratorio all'altro, come una volpe in un pollaio. Nelle strade dietro questo palazzo si incontra spesso Timothy Dolan, capo della Conferenza episcopale statunitense e grande elettore di Bergoglio, colui che ha sborsato dal 2007 al 2015 ben 2,1 milioni di dollari a società di lobbing con l'obiettivo di bloccare l'approvazione di una proposta di legge dello Stato di New York che prevede l'abolizione della prescrizione sui crimini sessuali: un prete che nel 2007 chiese e ottenne dal Vaticano di nascondere in un trust oltre 57 milioni di dollari per difendere le casse della sua diocesi di allora da richieste di risarcimento.

Qui viene ricevuto con tutti gli onori anche Philippe Barbarin, cardinale francese che ha ammesso di aver creduto alla buona fede di un suo sacerdote ossessionato dai minorenni che gli aveva giurato di "non farlo più": Barbarin lo ha lasciato in parrocchia per sette anni, affidandogli incarichi senza mai denunciarlo. C'è il cardinale Godfried Dannels, amico intimo di Francesco, intercettato mentre consiglia a un ragazzo abusato di non gridare il suo caso ai quattro venti, e di consolarsi "cercando il perdono".

Per qualche minuto ancora in Vaticano ci sarò anch'io. "La presenza e l'influenza svolte da Fittipaldi, tuttavia, non appaiono certe e conclamate... Dunque chiediamo l'assoluzione. Per insufficienza di prove." Il promotore si risistema la spallina della toga, appallottola un foglio con gli appunti, e si risiede esausto. Lo siamo tutti: l'aria condizionata non funziona a dovere, e lo spuntone dietro la schiena non dà tregua.

I giudici, qualche ora dopo, mi prosciolgono per "difetto di giurisdizione". La Chiesa si leva dall'impiccio senza nemmeno entrare nel merito delle accuse: dopo nove mesi di polemiche in mondovisione, dicono che non potevo essere nemmeno processato. Il reato, se mai ci fosse stato, sarebbe dovuto essere giudicato in Italia.

Quando esco dal tribunale di Francesco, l'abside bianchissima di San Pietro quasi mi abbaglia. È evidente che la giornata diventerà sempre più calda. "Dovrò comprarmi un ventilatore," penso, "per lavorare sodo senza soffocare." Il mio nuovo libro, *Lussuria*, non è ancora finito.

1.
L'uomo nero di Francesco

E Gesù disse: "Chi invece scandalizza anche uno solo di questi piccoli che credono in me, sarebbe meglio per lui che gli fosse appesa al collo una macina girata da asino, e fosse gettato negli abissi del mare".

MATTEO 18, 6

Emma e Katie Foster non potevano immaginare che i bicchieri di Coca-Cola che padre Kevin offriva loro tra una lezione di inglese e una di geografia nei giardinetti della scuola elementare cattolica del Sacro Cuore le avrebbero condotte alla rovina, portando di lì a qualche anno Emma al suicidio e Katie a passare il resto della vita su una sedia a rotelle.

Don Kevin O'Donnell aveva notato le due bambine da subito, mentre ancora frequentavano l'asilo di Oakleigh, un sobborgo di Melbourne in Australia. La scuola a cui Anthony e Christine Foster avevano iscritto i loro figli si trovava a pochi metri di distanza dalla chiesa dove il parroco viveva e recitava la messa. Padre Kevin era il direttore dell'istituto scolastico da alcuni anni, ed era solito bighellonare su e giù per i corridoi. Elargiva sorrisi e carezzava testoline, ma dietro gli occhiali le pupille si muovevano veloci per stanare le prede nascoste nelle aule; solo qualche anno dopo Christine si ricorderà di come il prete amasse sedersi sulla panchina davanti al campo da gioco per guardare i bambini che facevano ricreazione. Mentre loro si rincorrevano sugli scivoli, lui aspettava il momento giusto. Per iniziare la caccia.

Siamo nella metà degli anni ottanta, e l'anziano

prete è padrone e signore del Sacro Cuore. Un uomo rispettato da insegnanti e tutrici che gli affidano i piccoli senza remore. Un prete omaggiato da genitori e bidelli che ne riconoscono lo spessore etico, l'autorità morale. Nessuno di loro sospetta che padre Kevin ha già violentato una dozzina di ragazzi, e che la sua carriera di orco seriale prosegue indisturbata da una trentina di anni grazie al silenzio spaventato e vergognoso a cui ha costretto le vittime e all'omertà dei suoi superiori che – nonostante testimonianze e lamentele che a volte ne mettevano in discussione l'integrità – hanno regolarmente preferito girarsi dall'altra parte, lasciando che O'Donnell fosse di tanto in tanto trasferito da una parrocchia all'altra per frenare le chiacchiere di qualche contestatore solitario.

Quando vede per la prima volta Emma e Katie arrampicarsi sui cubi in legno nel parchetto della scuola, Kevin è già uno dei pedofili seriali più prolifici della storia del continente australiano. I Foster conoscono bene la scuola cattolica e il prelato che la dirige, e sono convinti che le loro figlie e il terzogenito da poco iscritto, Aimee, siano al sicuro, come tra due guanciali. I primi sospetti si affacciano solo qualche anno dopo, quando le ragazze sono già alle classi medie dello stesso istituto.

È il 1995. Christine ha da poco organizzato la festa per il tredicesimo compleanno di Emma, quando a colazione i suoi occhi si posano quasi per caso su un articolo di un giornale locale. È il titolo a lasciarla senza fiato: *Padre O'Donnell è indagato dalla polizia dello Stato di Victoria*, recita il giornale, perché accusato di aver abusato sessualmente di dodici ragazzini. Reati che sono confermati dal prete in persona, che in agosto viene arrestato e vuota immediatamente il sacco: "Ho abusato di undici maschi e di una femmina, tutti tra gli otto e i quattordici anni di età. Ho iniziato ad aggredire i bimbi nel 1946, l'ultima volta è accaduto nel 1977", spiega nell'interrogatorio. Mente, come ha sempre fatto. Oggi sappiamo che la sua battuta non ha mai avuto fine.

Quando Christine chiede alle bambine se fossero mai state oggetto di attenzione da parte del preside, negano entrambe. Ma qualche settimana dopo, mentre tutte le madri del Sacro Cuore cominciano a interrogare i loro figli per capire se fossero stati in passato abusati, Emma smette improvvisamente di mangiare. Il pranzo alla mensa resta nel piatto, e l'ago della bilancia comincia a pendere rapidamente verso sinistra. Nel giugno del 1995 la piccola finisce per la prima volta in ospedale, dove le viene diagnosticata una grave forma di anoressia e depressione. A settembre la ragazzina ammette di fronte al suo medico di famiglia di nutrire istinti suicidi, e di aver già cercato di farla finita con un'overdose di antidolorifici: viene ricoverata d'urgenza in un reparto di psichiatria adolescenziale. Prima di Natale cercherà di suicidarsi altre due volte.

All'inizio del 1996, dopo una terza overdose di antidolorifici, la psichiatra di Emma spiega al padre Anthony che la piccola "stava mostrando tutti i sintomi di qualcuno che era stato sessualmente abusato". Un altro psicologo consultato è più netto: "Io sono certo che lei sia stata davvero abusata", si legge nel primo rapporto sul caso Foster pubblicato dalla Royal Commission del governo di Canberra nel 2014, e nella grande inchiesta nazionale voluta dall'esecutivo per indagare su migliaia di casi di pedofilia del clero cattolico. "In realtà, il suo comportamento suggerisce che sia stata violentata ripetutamente."

La madre non vuole crederci. Non riesce a capire come e dove un maniaco può aver predato la bimba. È quasi per caso, durante una gita, che scopre la verità. "Sai, mamma, che questa Coca-Cola non fa ubriacare come quella che ci danno a scuola? Quella mi stordiva, mi faceva male alle orecchie, sentivo un rumore doloroso. Questa è buona." Qualche giorno dopo Anthony Foster telefona a un ufficiale di polizia che sta seguendo il caso di O'Donnell, il quale conferma i sospetti e getta la famiglia nel baratro: "Sì, ci risulta che don Kevin abbia dato da bere a molte delle sue vittime bibite in cui aveva disciolto un qualche tipo di droga. È certamente parte del suo modus operandi". Click.

Il 27 marzo del 1996 i signori Foster ricevono una telefonata dalla clinica psichiatrica, che li informa che Emma ha tentato il suicidio per l'ennesima volta tagliandosi le vene, e ha finalmente rivelato a un'infermiera che le tamponava il sangue dai polsi di essere stata violentata dal vecchio preside in tonaca. Il rapporto della Commissione riporta le parole della piccola, ripetute davanti a una psicologa. "Mi ricordo che c'era una porta con il simbolo della doccia, dietro al palco della sala parrocchiale. Padre Kevin mi ha portata dietro quella porta, mi ha fatto sedere sulle sue ginocchia e mi ha fatto delle cose terribili." Dopo qualche giorno anche Katie, la più piccola, racconta di essere stata abusata. All'asilo. "Da padre Kevin."

Per la famiglia è l'inizio di un incubo, dal quale non si risveglieranno più: a causa degli abusi, depressione e alcolismo cominciano a minare la psiche delle due adolescenti. Emma, la maggiore, è morta nel 2008 a ventisei anni, sola, nella sua camera da letto, ammazzandosi con un'overdose di eroina. Katie, la minore, che aveva cominciato a bere per tentare dimenticare gli abusi subiti, mentre era sotto effetto dell'alcol è stata investita da un'automobile impazzita nel maggio del 1999. Un incidente che la costringe oggi sulla sedia a rotelle, con danni al cervello che richiedono cure ventiquattro ore al giorno.

Senza pietà

Il vecchio caso Foster, però, non è ancora concluso, e oggi rischia di colpire il cuore del Vaticano. Perché il fantasma di Emma e le azioni legali della Royal Commission agitano, mentre scriviamo, le notti del cardinale George Pell, il braccio destro di papa Francesco, il capo del dicastero della segreteria dell'Economia. In linea gerarchica, Pell è dal 2013 il numero tre della Santa Sede, secondo solo al pontefice e al segretario di Stato Pietro Parolin. Una nomina fatta direttamente da Francesco, che ha chiamato il "Ranger" australiano da Sidney per moralizzare la corrotta curia romana e portare avanti la riforma delle strutture economiche di Oltretevere.

Nessuno ha detto a Francesco che Pell era da tempo molto criticato in madrepatria, e che già in passato era finito nel mirino degli investigatori per vicende legate alla pedofilia. Nel 1995 l'attuale cardinale era infatti ausiliario dell'arcivescovo di Melbourne Thomas Little, di cui prenderà il posto l'anno successivo: Pell è colui che ha gestito in prima persona lo scandalo dei pedofili australiani negli ultimi due decenni. L'uomo che organizzò un protocollo di risarcimento destinato ai sopravvissuti, il Melbourne Response, che secondo la ricercatrice Judy Courtin "fu in realtà un sistema progettato per controllare le vittime, contenere gli abusi e proteggere la Chiesa. Un formulario che servì a minimizzare i reati, occultare la verità, manipolare, intimidire e sfruttare le vittime".

Spulciando le migliaia di pagine della Royal Commission, le prove inedite portate da accusa e difesa, le lettere segrete della diocesi e gli interrogatori dei sacerdoti e delle famiglie, sembra che i detrattori del cardinale abbiano qualche ragione, e che papa Francesco abbia scelto, come suo principale uomo di fiducia, il prete sbagliato.

La gestione della tragedia dei Foster è emblematica. Torniamo al 1997, quando i genitori delle piccole Emma e Katie decidono di aderire al Melbourne Response in modo da ottenere giustizia almeno su un piano civile e risarcimentale: padre O'Donnell è infatti morto subito dopo il rilascio, dopo quindici mesi di carcere, senza che la polizia fosse nemmeno riuscita a incriminarlo per le violenze sulle sorelline di Oakleigh.

Il 18 febbraio 1997 il signore e la signora Foster con la piccola Emma sono seduti sul divano del loro salotto borghese. Tè e pasticcini pronti sul tavolino. Aspettano una visita importante. L'arcivescovo dopo un po' di tira e molla ha finalmente accettato di incontrarli. Per organizzare l'appuntamento sono serviti mesi di trattative: inizialmente il "Ranger" non voleva assolutamente affrontarli di persona. "Se incontro la famiglia Foster poi dovrò incontrare anche le altre. Il mio tempo è molto limitato. Perché sono diversi dagli altri casi?" chiese infatti ai suoi avvocati in una lettera inedita il 18 novembre 1996, dove si mostra assai preoccupato di creare un precedente per le altre famiglie distrutte dai crimini di decine di preti che la polizia stava identificando in indagini a tappeto in tutto lo Stato.

La Royal Commission ricostruisce il colloquio, definito da Pell "uno dei più difficili della mia vita". "La signora Foster ha ricordato che il marito," scrivono i giudici di Canberra nel rapporto preliminare, "disse all'arcivescovo Pell che consideravano il protocollo Melbourne come un tentativo di risparmiare soldi da parte della Chiesa cattolica a scapito delle vittime. La signora Foster ha raccontato che l'arcivescovo disse: 'Se non ti va bene quello che stiamo facendo, portaci in tribunale'." I giorni seguenti, continuano i giudici, Pell accetta di incontrare non solo i Foster, ma anche altre vittime di O'Donnell. Ma "questi incontri non aiutarono i Foster e gli altri. Rimasero con la sensazione che le loro preoccupazioni, che ovviamente erano fondate, non fossero state adeguatamente prese in considerazione dalla Chiesa. Durante l'incontro la signora Foster ricorda che fu fatta una domanda su alcuni noti pedofili che servivano ancora nelle parrocchie di Melbourne, e che l'arcivescovo Pell rispose: 'È tutto un pettegolezzo, finché non ci sono prove in tribunale; e io non do ascolto ai gossip'".

Non è un caso che Anthony Foster abbia detto alla Commissione che, di fronte all'orrore della loro tragedia, Pell avrebbe mostrato "una mancanza di empatia di tipo sociopatico, che ha caratterizzato l'atteggiamento e le risposte della gerarchia della Chiesa". Mentre dava queste risposte ai commissari che lo interrogavano a fine 2012, il padre di Emma e Katie mai poteva immaginare che Pell sarebbe diventato da lì a pochi mesi uno degli uomini più potenti del Vaticano. Chissà se sarebbe riuscito a trattenere le lacrime, se lo avesse saputo. "Ci sono semplici domande che ci facciamo, questioni morali: perché i resti di padre O'Donnell conservati nella cripta della chiesa del cimitero di Melbourne sono ancora onorati? Perché c'è una lapide in sua memoria nella nostra parrocchia? Perché è così difficile per la Chiesa spretare un prete che ha stuprato bambini per più di trentuno anni, crimini di cui lui stesso si è dichiarato colpevole?"

Pell è stato interrogato quattro volte dalla Royal Commission. L'ultima a marzo del 2016, in videoconferenza da Roma. "Ammetto che posso aver usato la parola 'gossip', è mia convinzione che ogni denuncia di abuso debba essere adeguatamente studiata," spiegò nel 2013. "Non è opportuno chiedere ai sacerdoti di farsi da parte semplicemente perché qualcuno fa i loro nomi, per esempio, a un incontro pubblico. I Foster? Non avevo motivo di dubitare che O'Donnell avesse abusato di Emma, nell'incontro con loro la mia intenzione era quella di ascoltare la loro storia e cercare di aiutarli. Non ci sono riuscito. Mi dispiace."

Non risulta, in realtà, che il cardinale Pell abbia mai veramente cercato di aiutarli, i Foster. Quando nel marzo del 1997 la famiglia decide di usare il Melbourne Response inventato dal neoarcivescovo, inizia infatti un braccio di ferro che si trasformerà presto in una guerra totale. Giocata con armi psicologiche e legali. Alla piccola Emma – vittima principale e bisognosa di cure mediche costose – Pell il 26 agosto del 1998 spedisce una lettera, accompagnandola con l'offerta formale di risarcimento formulata dall'avvocato di fiducia della diocesi Richard Leder. Come risarcimento di tutte le violenze, vengono offerti alla piccola 50 mila dollari australiani. Pari a circa 30 mila euro. "L'indennizzo è offerto dall'arcivescovo a Emma nella speranza che possano aiutare il suo recupero e fornire un'alternativa realistica a un contenzioso legale, nel quale altrimenti ci difenderemo strenuamente." Leggendo più volte la missiva, ai Foster sale la rabbia. Che gli blocca lo stomaco, gli soffoca la gola: 30 mila euro per chiudere definitivamente la questione, la minaccia – in caso di rifiuto – di "difendersi strenuamente" di fronte a richieste più consone ai danni e alle violenze. La missiva sintetizza perfettamente la filosofia di Pell di fronte agli atti impuri dei sacerdoti, che sembra focalizzarsi sulla mera riduzione del danno. Non quello subito dalle vittime e dalle famiglie, però: è la Chiesa che deve essere preservata. A tutti i costi. Nell'immagine, naturalmente, e nel portafogli. "Da un punto di vista legale non credo che una compagnia di trasporti o i suoi dirigenti possano essere considerati responsabili, nel caso uno dei loro camionisti dia un passaggio a una ragazza per poi molestarla," ha ribadito Pell durante un'udienza della Royal Commission nell'agosto del 2014, paragonando i sacerdoti pedofili agli autotrasportatori e Santa Romana Chiesa a un'azienda di tir che deve quindi essere, davanti agli orrori dei suoi preti, considerata come "giuridicamente non perseguibile". Una frase che ancora oggi sciocca Nicky Davis, uno degli esponenti delle organizzazioni delle vittime: "Pell dimostra di non aver alcun concetto di quello che è un comportamento appropriato o inappropriato, di cosa sia importante dire ai sopravvissuti. Dimostra di preoccuparsi solo di proteggere se stesso e di cercare scuse per comportamenti imperdonabili".

Una convinzione, quella della intoccabilità della Chiesa cattolica, che Pell ribadisce più volte davanti ai giudici, che gli chiedono perché come arcivescovo volesse "difendersi strenuamente" davanti alle legittime richieste di una famiglia distrutta: "Ammetto che sia

St. Patrick's Cathedral
Melbourne Vic 3002

26 August 1998

Ms Emma Foster
REDACTED
OAKLEIGH VIC 3166

Dear Ms Foster,

You will be aware that in October 1996 I announced a range of initiatives to respond to allegations of sexual abuse concerning the Archdiocese of Melbourne. At that time, I apologised sincerely and unreservedly, on behalf of the Catholic Church, to both the victims and more generally to the people of the Melbourne Archdiocese, for the betrayal of trust perpetrated upon them. I also expressed my regret that it had taken the Church a long time to come to grips successfully with these issues.

I understand that, based on findings made by the Independent Commissioner, your claims have been considered by the Compensation Panel. The Panel has provided me with a recommendation, which I accept, and this letter is accompanied by a formal offer made on my behalf.

The Archdiocese seeks to address the issues of sexual abuse of minors and adults in a professional, caring and appropriate manner. In addition, the Church has implemented procedures aimed at preventing any recurrence of sexual abuse, and is confident that these initiatives will go a long way towards addressing this issue, which has shocked all in our community.

Unfortunately we cannot change what has happened in the past. You may never be rid of the memories or the hurt. Services such as those provided through Carelink can assist you in your recovery. The payment of compensation raises difficult and complex issues. It is my hope that my offer, based on the Panel's recommendation, will be accepted by you as a preferable alternative to legal proceedings and that it too will assist you with your future.

On behalf of the Catholic Church and personally, I apologise to you and to those around you for the wrongs and hurt you have suffered at the hands of Father Kevin O'Donnell. Whether or not you choose to accept the enclosed offer, I offer you my prayers.

Yours sincerely in Christ,

+ George Pell

ARCHBISHOP OF MELBOURNE

La lettera di accompagnamento alla proposta risarcitoria per la famiglia Foster firmata da Pell.

31 August, 1998

Partner
Richard Leder (03) 9672 3489

Our reference
RAL/ROMA5455-001

Mr & Mrs A Foster
REDACTED
OAKLEIGH VIC 3166

Dear Mr & Mrs Foster

ARCHDIOCESE OF MELBOURNE
- OFFER OF COMPENSATION TO MS EMMA FOSTER

As you know, we act for Archbishop Pell and for the Catholic Archdiocese of Melbourne. We note that an application to the Compensation Panel established by Archbishop Pell for ex gratia compensation in relation to sexual abuse has been made by Ms Emma Foster.

The Archbishop established the Compensation Panel to provide an alternative to the pursuit of legal proceedings. We are aware that the Panel's operation has been criticised on the basis that amounts it can recommend are less than applicants such as Emma believe that they might obtain if they pursued legal proceedings to success. However, you and Emma should consider the offer as a genuine attempt by the Archbishop to provide an alternative to litigation.

The compensation offer, together with the services that remain available through Carelink, are offered to Emma by the Archbishop in the hope that they will assist her recovery and provide a realistic alternative to litigation that will otherwise be strenuously defended. Importantly, it is also hoped that Emma will in time be able to put the abuse she has suffered behind her, and focus on the future. **Enclosed** is a personal letter to Emma from the Archbishop. We note that His Grace has also met with you personally on prior occasions.

The Compensation Panel has recommended to the Archbishop that Emma be offered the maximum amount of compensation, which is $50,000. **Enclosed** for your information is a copy of a letter from the Chairman of the Panel to the Vicar General containing the recommendation.

In accordance with the procedures established by the Archbishop, we are instructed to offer this amount to Emma. If she wishes to accept it, it is proposed that the amount will be placed in a trust fund, to be jointly administered by you and

BOURKE PLACE 600 BOURKE STREET MELBOURNE VIC 3000
GPO BOX 9925 VIC 3001
TELEPHONE (03) 9672 3000 INT +613 9672 3000 FAX (03) 9602 5544
DX 336 MELBOURNE

SYDNEY   MELBOURNE   BRISBANE   PERTH   CANBERRA   GOLD COAST   LONDON

La lettera ai Foster dell'avvocato del cardinale Pell: si propone un risarcimento per la figlia abusata di 30 mila euro.

31 August 1998
Mr & Mrs A Foster
**ARCHDIOCESE OF MELBOURNE
- OFFER OF COMPENSATION TO MS EMMA FOSTER**

the Archdiocese, until Emma's 18th birthday. At that time, Emma will have the choice of ratifying her acceptance of the compensation offer and signing a document releasing the Archbishop from all further claims arising out of the sexual abuse or any other sexual abuse by a priest, religious or lay person under the control of the Archbishop of Melbourne. You will note however that treatment and counselling through Carelink is unaffected.

Alternatively, if Emma does not ratify her acceptance of the compensation offer, the trust will be wound up and the funds returned to the Archdiocese. In that event, Emma's rights will be unaffected by the fact that the application for compensation was made.

If Emma rejects the offer now, she and you will remain bound by the terms of the application for compensation form and in particular, may not disclose or rely upon this offer which is, of course, put on a without prejudice basis.

As appears from the **enclosed** letter from David Habersberger to the Vicar General, we are aware that in March 1998 you met with Carelink and raised various issues. You will, we trust, recognise that the structure put in place by the Archdiocese in relation to victims of sexual abuse contemplates that medical and counselling issues are administered through Carelink. Subject to that, all other claims, requests and issues are intended to be addressed by means of the ex gratia compensation payment. To that end, it is intended that if Emma accepts the $50,000 compensation offer, the payment of that sum and the signing of a release by Emma in due course will finalise all matters, with the exception, of course, of those dealt with by Carelink.

Nevertheless, the Archbishop has asked that we reiterate what we understand was conveyed to you by the Compensation Panel, namely that if you have any specific requests, not covered by Carelink or by the compensation payment, you should approach Richard Leder of this office.

It might be of some comfort to you if we reiterate what Bishop Hart said in his letter to you of September 1997, namely that for the duration of the operation of Carelink, medical, psychological and related professional care will continue to be provided to Emma through Carelink, subject to Carelink's ordinary requirements, including an annual review of her progress. If Carelink is disbanded at any future time, appropriate alternative arrangements will be made. Where appropriate, claims should continue to be made by you and Emma on Medicare and on private health insurance.

M/305008

31 August 1998
Mr & Mrs A Foster
**ARCHDIOCESE OF MELBOURNE
- OFFER OF COMPENSATION TO MS EMMA FOSTER**

Would you please advise us in due course whether Emma wishes to accept the offer. Assuming that she does, and as indicated above, it will then be necessary for a deed of trust to be prepared.

If you have any queries please do not hesitate to contact the writer.

Yours faithfully
CORRS CHAMBERS WESTGARTH

Richard Leder
Partner

encl

stata un'espressione poco felice, ma credo che certe espressioni vadano lette in maniera non offensiva. Con la frase si intendeva che se la questione fosse stata portata in tribunale, la Chiesa avrebbe preso sicuramente in considerazione l'ipotesi di usare tutti i mezzi di difesa a cui ha diritto ogni cittadino o organizzazione in Australia", ha detto Pell nel 2014. Gli inquirenti della Commissione, dopo aver interrogato anche l'avvocato Leder, considerano oggi il tono della missiva niente più di un poco cristiano "prendere o lasciare": secondo la teoria dell'arcidiocesi era infatti assai "improbabile che una vittima come Emma Foster potesse dimostrare che qualcun altro, al di fuori di O'Donnell [il quale allora era già deceduto], fosse legalmente responsabile dell'abuso da lei subìto", racconta l'avvocato del cardinale. "Dunque si intendeva dire che, nel decidere se accettare l'offerta o continuare per vie legali, [i Foster] avrebbero dovuto considerare che in caso di contenzioso la tesi difensiva era molto solida, e che accettare l'offerta proposta poteva portare a un esito migliore rispetto a non accettare l'offerta e portare avanti, perdendolo, il contenzioso."

I custodi (della cassaforte)

Peccato che la diocesi di Pell abbia responsabilità enormi sul destino di Emma e delle decine di vittime del vecchio pastore. Tra le gerarchie erano in molti, infatti, a sapere che padre O'Donnell fosse un pedofilo, e più di un sacerdote nel corso dei lustri ha ignorato lettere e denunce di figli e genitori arrivate sulle scrivanie della canonica. Se nel 2014 un altro dei legali della Chiesa di Melbourne ha confermato ai giudici che alcuni ecclesiastici erano a conoscenza di accuse contro l'orco risalenti al 1958, e se un sacerdote aveva addirittura visto Kevin a letto con un giovane ragazzo già nel 1950, una delle prime vittime che ha avuto il coraggio di uscire allo scoperto e denunciare il prete,

Damian H., ha spiegato che "nel 1986 mi lamentai con due preti per quello che mi era stato fatto, ma non vollero sapere il nome del colpevole. Parlai allora con una suora che mi ascoltò, e che scrisse all'arcidiocesi parlando di O'Donnell. La lettera fu ignorata. Alla fine raccontai ogni cosa a mia madre. Anche lei denunciò tutto alle autorità della Chiesa. Fu inutile: permisero a padre Kevin di continuare il suo ministero a Oakleigh fino alla pensione, a settantacinque anni, nel 1992".

Qualche anno prima il pedofilo aveva prestato servizio nella parrocchia di Dandenong. Lì un'altra vittima, Alan, ha raccontato che della sua violenza fu testimone oculare uno dei parroci di Kevin: nonostante questa testimonianza, però, il vicario di Dandenong non prese alcuna iniziativa. Secondo l'associazione Broken Rites (che ha raccolto centinaia di denunce nell'isola, e che combatte da anni per avere giustizia) ancora oggi quel prete è titolare di una parrocchia. Nella stessa parrocchia un altro abusato, Michel P. (il nome è di invenzione, molti non vogliono che il loro vero nome venga diffuso, e questo libro – nonostante si basi su documenti che dimostrano la veridicità dei fatti – rispetta la richiesta all'anonimato delle vittime), avvertì il vescovo Arthur Fox delle gesta di padre Kevin, ma il monsignore lo spinse a tacere e a non parlare degli incidenti sessuali.

In tanti, quindi, erano a conoscenza che l'uomo che ha violentato le sorelle Foster era un molestatore che usava messe, matrimoni, persino funerali per agganciare le sue prede. Kevin per cinquant'anni ha aggredito boyscout e chierichetti dietro l'altare, nelle canoniche, sui sedili delle automobili e nei drive-in, corrompendo i bimbi con regali e favori, minacciandoli con anatemi sul peccato mortale, usando intimidazioni per indurli al silenzio. Una vittima ha raccontato ai volontari di Broken Rites che il prete "avrebbe sbottonato i pantaloni del ragazzo e accarezzato i suoi genitali, mentre si masturbava, spesso strofinando i propri genitali contro il ragazzo nudo. Diverse vittime hanno detto che

O'Donnell voleva penetrarli analmente ma che sono riuscite a evitarlo". E nessuno che facesse qualcosa per fermarlo.

"Ci difenderemo strenuamente," scrive dunque l'avvocato di Pell ai Foster. Che, spaventati dall'idea di perdere anche quella ridicola somma, decidono nel 1998 di accettate l'offerta per la più grande delle figlie. 30 mila euro. 3 mila euro l'anno. È quanto avuto in pratica dalla ragazza prima della dose letale che nel 2008 le farà dimenticare, per sempre, le mani e gli occhi di padre Kevin.

30 mila euro, ossia 50 mila dollari australiani, erano in realtà l'offerta massima consentita dal sistema di risarcimento creato da Pell. Innalzata, nel 2008, a 75 mila euro. Analizzando i dati dell'amministrazione della diocesi di Melbourne si scopre che tra il 1996 e il marzo del 2014 le circa trecento vittime che hanno chiesto i danni per le violenze hanno ottenuto in media 32 mila dollari australiani a testa, circa 20 mila euro. Il prezzo di una Fiat 500 accessoriata. Una miseria, anche perché l'arcidiocesi di Melbourne guidata fino al 2001 da Pell (nel marzo di quell'anno fu promosso vescovo di Sidney) è ricchissima.

Controlla infatti due società, la Roman Catholic Trust Corporation e la Catholic Development Fund, che hanno in pancia contanti, proprietà immobiliari come appartamenti e palazzi, e fanno investimenti azionari e obbligazionari a sette zeri. Sommando il valore delle entrate, solo nel 2013 sono stati incassati, tra profitti finanziari e beneficenza dei fedeli, oltre 108 milioni di dollari australiani, mentre gli asset attualmente controllati dall'arcidiocesi valgono quasi 1,3 miliardi. In pratica, per chiudere i fastidiosi contenziosi sulla vicenda pedofilia dei preti della città, Pell e i suoi successori hanno rinunciato a una cifra complessiva di appena 10 milioni di dollari australiani, pari allo 0,7 per cento del patrimonio della diocesi. Tutte le vittime che accettavano l'indennizzo dovevano infatti firmare un documento in cui si impegnavano a non intraprendere ulteriori azioni legali. Né contro la diocesi né contro altri sacerdoti.

Per la cronaca, Kevin O'Donnell ha contribuito, in parte, alla creazione del tesoro della seconda diocesi più importante dell'Australia: il pedofilo era anche un lungimirante uomo d'affari, e quando era parroco ha usato i fondi diocesani, nell'immediato dopoguerra, per acquistare terre nelle periferie di Melbourne. Dopo il boom demografico e l'arrivo in massa in città di ex contadini e piccoli allevatori, la Chiesa ha rivenduto con buon profitto gli appezzamenti e le fabbriche in disuso, trasformate poi in condomini, che don Kevin aveva acquistato a poco prezzo qualche anno prima. Nel 1993, poco prima dello scandalo, una delle vittime, Damian H., spiegò che a suo parere la protezione ricevuta dalle gerarchie era dovuta anche alla ricchezza che il pedofilo aveva generato a favore della comunità ecclesiastica australiana: "Le autorità della Chiesa hanno avuto benefici grazie ai business organizzati da O'Donnell. Naturalmente, loro poi lo hanno protetto," si legge in un'intervista conservata negli archivi di Broken Rites. E secondo alcuni osservatori non è un caso che, nemmeno dopo la condanna e la morte del maniaco sessuale (che nel 1989, alla vigilia della pensione, fu pubblicamente elogiato dall'allora vicario Pell "per tutto il lavoro che sta facendo in una grande parrocchia con una orgogliosa tradizione cattolica"), l'uomo sia rimasto sacerdote senza mai essere spretato.

Qualche anno dopo aver accettato i 30 mila euro per le cure di Emma, i Foster decidono di capire se la giustizia terrena sia meno avara di quella divina, e aprono un procedimento civile di fronte allo Stato di Victoria. Che capovolge la filosofia del Melbourne Response, riconoscendo come le cifre dei risarcimenti debbano essere molto più alte, pari all'entità dei danni subiti: alla fine della causa la Chiesa accetta una mediazione con i Foster pagando loro 750 mila dollari, somma dieci volte maggiore rispetto ai "massimi tabellari" che la Commissione interna della diocesi (definita tra l'altro assai poco indipendente dai giudici della Royal Commission nel 2014) aveva deciso di mettere sul tavolo per chiudere lo scandalo.

Ma niente paura: la diocesi non ha dovuto sborsare tutta la cifra (anche in questo caso pari ad appena lo 0,7 per cento dei suoi ricavi annuali) perché Pell e il suo successore, l'arcivescovo Denis James Hart, erano stati previdenti e avevano contratto un'assicurazione che ha poi coperto le spese per il rimborso. Solo metà, però: durante una deposizione, l'avvocato del cardinale ha dovuto ammettere che la compagnia non ha voluto pagare per intero il risarcimento ai Foster perché era assodato come la Chiesa fosse a conoscenza delle condotte di O'Donnell fin dal 1958. E che dunque, lasciandolo libero di scorrazzare tra i banchi delle parrocchie e delle scuole, era consapevole di correre un rischio.

"Al tempo avremmo dovuto essere più generosi con Emma Foster," ha ammesso qualche tempo fa Hart, vicinissimo al cardinale chiamato a Roma da Francesco, a cui è legato da antica amicizia e dalla medesima visione tradizionale della dottrina. Studiando le carte di un altro procedimento giudiziario del 2009, che nulla c'entra con le vicende di pedofilia, l'arcivescovo Hart si è distinto per aver apostrofato una donna, che bussava a casa sua a notte inoltrata per denunciare l'aggressione sessuale subita da parte di un prete suo sottoposto, con l'espressione: "Vai all'inferno, cagna!". Letteralmente, sbattendole poi la porta della canonica in faccia. Lo stesso Hart ha confermato di essersi rivolto alla donna con quella frase: "È stato un commento sfortunato, del quale mi sono pentito da tempo. Ero in un momento di frustrazione, mi scuso", ha ribadito il 14 novembre del 2013 alle domande pressanti di una giornalista della Abc australiana.

Hart, davanti ai giudici della Royal Commission, ha anche ammesso che la diocesi ha speso centinaia di migliaia di dollari per aiutare alcuni ex preti pedofili ridotti a stato laicale, pagando loro, nonostante le condanne definitive per crimini sessuali su bambini piccoli, sia lo stipendio che la pensione, l'affitto, l'assicurazione sanitaria e persino quella dell'automobile. Una dichiarazione scioccante: nessuno dei parrocchiani che con le loro offerte finanziano la Chiesa australiana poteva immaginare che i propri soldi finissero regolarmente anche ai mostri che facevano sesso con i loro figli.

"Le cose ora sono cambiate, oggi il supporto è estremamente modesto," spiega Shane Healy, direttore della comunicazione della diocesi. "Nessun supporto finanziario è stato dato ai pedofili quando erano in carcere." Di certo, le carte della Commissione evidenziano che tra coloro che hanno ricevuto assistenza per tutta la vita c'è padre Wilfred Baker, che ha molestato circa ventun bambini e ha ricevuto tra pensione e spese di affitto 21 mila dollari australiani l'anno fino al 2014. Stesso trattamento per il prelato Desmond Gannon e per David Daniel, a cui lo stipendio fu tagliato a 12 mila dollari nel 2002 senza che la cancellazione delle prebende fosse mai considerata opzione possibile. Un atteggiamento misericordioso che il vescovo Hart ribadisce oggi con orgoglio, e che evidentemente ha guidato anche la Congregazione per la dottrina della fede, la quale per due volte ha rifiutato la messa in stato laicale di padre Gannon preoccupata "della sua età avanzata e delle sue debolezze". Gannon è morto nel mese di aprile del 2015: secondo i cronisti del quotidiano "The Age" la casa di cura in cui risiedeva costava 21.700 dollari l'anno. Le ventidue vittime del prete hanno ottenuto un risarcimento una tantum di appena 33 mila dollari a testa.

Ma c'è un verbale, nascosto tra le decine di migliaia di pagine indagate dalla Royal Commission, che dimostra come anche personalità ecclesiastiche di altissimo rilievo abbiano cercato di creare per i colleghi accusati di molestie sessuali un sistema di supporto economico. Pell, assai poco indulgente con i Foster e molto parco con le vittime dei suoi sacerdoti, nel settembre del 1996 ha infatti presieduto una riunione dove lui e alti prelati discussero come poter aiutare tre preti incarcerati (Gannon, O'Donnell e Michael Glennon) dopo il loro rilascio. "Punto 15. Ipotesi su come aiutare i preti che stanno uscendo di galera. Possibilità di un posto (un appartamento indipendente) nel palazzo di Box Hill. Padre McMahon ha parlato di cure mediche necessarie, ed è stato invitato dall'arcivescovo Pell a far presente cosa serve per la loro assistenza," si legge su un documento del 2 ottobre 1996. I giudici hanno recentemente scoperto che una serie di giroconti finanziari per aiutare il prete pedofilo Gannon fu orchestrata in modo tale che "difficilmente la notizia dell'aiuto sarebbe diventata di dominio pubblico".

Non solo: il giornalista Chris Vedelago di "The Age" aggiunge che "nel 1998 l'attuale cardinale ordinò personalmente che a Wilfred Baker fosse assegnato il massimo della pensione possibile perché 'pastore emerito', una scelta fatta nonostante Pell stesso fosse perfettamente al corrente degli illeciti da lui commessi. Nello stesso anno autorizzò anche dei pagamenti a Peter Searson, sospettato di pedofilia, dicendogli che aveva diritto ai sussidi di cui godono 'i preti che si trovano in circostanze simili alle tue'". I denari per aiutare i preti caduti in disgrazia sono stati prelevati dal Fondo pensione del clero, che è per la maggior parte finanziato dai contributi dei parrocchiani. Secondo l'attuale arcivescovo Hart non si tratta affatto di una cosa di cui la Chiesa si deve vergognare, ma di un atto di pietà: nel 2013 in un verbale di un'altra Commissione di inchiesta, quella voluta dal parlamento dello Stato di Victoria, ha ribadito che "ogni vescovo ha l'obbligo di fornire un sussidio minimo per tutti i preti, chiunque essi siano". Una pietà che la Chiesa elargisce a piene mani ai suoi pastori criminali, e che sembra negare al suo gregge ferito.

Pell si è sempre difeso dalle accuse rimarcando, innanzitutto, che è stato proprio lui il primo, in Australia, a volere e istituire un protocollo pensato per aiutare le vittime e punire i sacerdoti colpevoli, e che, seppure i risarcimenti sembrano bassi, prima del 1996 "nemmeno esistevano". Secondo il rapporto preliminare dei giudici, però, la Commissione interna che decideva quali vittime potessero accedere ai risarcimenti "non era sufficientemente indipendente dalla diocesi di Melbourne". Non solo: Pell avrebbe privilegiato gli interessi economici della Chiesa rispetto a quelli delle vittime, attraverso una strategia legale aggressiva che fondamentalmente era organizzata per proteggere l'immenso patrimonio della sua chiesa. "L'arcidiocesi accettò i consigli dei suoi avvocati di difendersi vigorosamente dalle accuse," si legge in dettaglio nel rapporto. "Una ragione per cui il cardinale Pell decise di accettare tali consigli era di scoraggiare altri potenziali querelanti dal citare in giudizio la Chiesa per abusi sessuali." In pratica, queste le conclusioni della Royal Commission, l'attuale ministro dell'Economia del Vaticano negò alle vittime giustizia e compassione pur riconoscendo la veridicità delle loro denunce, e di fatto, scrive la Commissione, "mancò di agire equamente da un punto di vista cristiano". Parole che pesano come pietre, come una sentenza che non avrà valore giuridico, ma che ha il sapore di una bocciatura morale. Critiche severe difficilmente contestabili anche di fronte alle cifre fornite da Kieran Tapsell, avvocato australiano che ha dimostrato come le famiglie che hanno accettato lo schema di Pell hanno ricevuto in media appena un decimo rispetto a coloro che hanno fatto ricorso alla giustizia terrena.

Il vescovo in pensione Geoffrey Robinson, nell'agosto del 2015, parlando alla Royal Commission ha rivelato che la Melbourne Response era nata in contrapposizione a un secondo programma chiamato Towards Healing ("Verso la guarigione"), ideato da un altro pezzo della gerarchia cattolica australiana. L'antitesi tra programmi concorrenti avrebbe, secondo il vescovo, "distrutto" la possibilità di dare una risposta

CTJH.221.06061.0005

The Archbishop has spoken with Father ▇▇▇ and they will speak again. Maybe a lay secretary next year.
Moved Mons ▇▇▇ second Fr ▇▇ that he live at the Cathedral from January 1997 and help there part-time.   CARRIED
V.G. to discuss with Dean ▇▇▇ and Fr ▇▇.

11. Rev ▇▇▇
To do licence in Ecclesiology in Rome, beginning in October or February. Negotiations are proceeding. Bishop ▇▇▇ in favour of the February start.

12. Rev ▇▇▇
Concern about his health. Bishop ▇▇ visited him some months ago.

13. Rev ▇▇▇
He has been to USA.

14. Rev ▇▇▇
Archbishop Pell wishes to inform himself of the situation with regard to 13 and 14, take legal advice and in consult with the Auxiliaries will look at action.
Bishop ▇▇▇ mentioned that Mons. ▇▇▇ is familiar with ▇▇▇ and Fr ▇▇▇ is familiar with ▇▇▇.

15. **Accommodation\Treatment for Priests Leaving Jail**
Priests leaving jail - D Gannon, M Glennon, K O'Donnell. Suggestion of how they can be helped. Possibility of a place (self-contained flat) in Box Hill. Father McMahon mentioned need for treatment - and was invited by the Archbishop to propose what is needed to assist them.

16. Rev ▇▇▇
Father ▇▇▇ recommended that he speak with ▇▇▇ but he hasn't done it. Fr ▇▇▇ will check whether he has done so and if not the Archbishop will ring him.

17. **End of Year Appointments**
Sub-committee (Frs ▇▇▇) to meet and discuss.

18. **Successor to Rev** ▇▇▇
Father ▇▇▇ prepared to remain for 2 years.

19. Rev ▇▇▇
Archbishop to speak to Father ▇▇▇ on his return. No financial penalty but there is a precedent. Previously a doctor's certificate needed to be a P.E. He returns on Tuesday 22 October. We are to check the precedent with Father ▇▇▇ when he retired.

20. **Priests due for Re-appointment**
To be invited to meet the Archbishop. V.G. to contact Fathers ▇▇▇, ▇▇▇ to invite them to meet the Archbishop.

Il verbale della riunione presieduta da Pell dove la diocesi discute come aiutare i preti pedofili usciti di prigione.

35

unitaria da parte del mondo ecclesiastico australiano agli abusi sessuali: "Pell ha creato un programma rivale solo perché voleva essere visto come il leader rispetto alla questione degli abusi", ha attaccato Robinson. "Prima di una politica ufficiale sugli abusi, i preti pedofili venivano continuamente spostati da una parrocchia all'altra. In un certo senso si trattava di insabbiamenti, ma direi anche qualcosa di più: la soluzione migliore di un problema è sbarazzarsene. Ho provato a porre la questione delle violenze sessuali ai miei colleghi ma nella Chiesa nessuno, e dico nessuno, ha voluto toccare la questione." L'alto prelato ha poi criticato a sorpresa sia Giovanni Paolo II che papa Bergoglio: "Quando già nel 1990 sono emerse denunce di abusi a livello internazionale, Giovanni Paolo II non ha condannato immediatamente il problema", ha fatto scrivere a verbale il prelato in pensione, il quale ha chiesto di anticipare la sua testimonianza ad agosto 2015 per problemi di salute. "Quello che abbiamo ricevuto da Giovanni Paolo II è stato il silenzio. E i vescovi sono rimasti fedeli al silenzio. E per ora non abbiamo avuto la leadership necessaria sul tema pedofilia nemmeno da papa Francesco."

Negli anni il Melbourne Response ideato da Pell ha raccolto centinaia di denunce e richieste di risarcimento, ma molte vittime hanno raccontato che l'esperienza legale, invece di aiutarli, li ha "nuovamente traumatizzati", "ha rinnovato le nostre sofferenze", anche perché le persone violentate sono state "reintrodotte nello stesso ambiente ostile patito nell'infanzia". Una donna ha definito il protocollo "altamente ingiurioso, un nuovo choc che si poteva evitare".

La politica dello struzzo

In realtà Pell è finito nel mirino non solo per aver creato un sistema difensivo senza cuore e misericordia, ma anche per casi gravissimi di molestie e orrori che avrebbe consapevolmente insabbiato. Per decenni.

I casi più eclatanti, oltre a quello di don Kevin e delle sorelline Foster, sono quelli del prete pedofilo Gerald Ridsdale e l'incredibile storia di Anthony Jones. Il primo è un predatore seriale, che ha sulla coscienza cinquantaquattro adolescenti violentati, e che ha lavorato al fianco di Pell a Ballarat (una cittadina di centomila anime a cento chilometri da Melbourne) dove lo stesso cardinale è stato viceparroco per dieci anni, dal 1973 al 1983. Prima che l'orco finisse in carcere, Pell era stato suo buon amico, tanto da aver diviso con lui l'alloggio quando erano entrambi giovani sacerdoti. Anche davanti alle prime gravissime accuse il "Ranger" di Francesco decide di non abbandonare Ridsdale al suo destino, tanto che nel 1993 accompagna sottobraccio il coinquilino alla prima udienza a suo carico: una fotografia dei due (Pell in tonaca nera e cappotto nero, il pedofilo vestito tutto in bianco con occhiali da sole e coppola) è stata consegnata da un sopravvissuto alla Royal Commission. È un fatto che né Pell né altri vescovi cattolici abbiano mai accompagnato in tribunale le vittime dei loro colleghi pedofili.

Il cardinale rifiuta ogni addebito, negando di essere stato a conoscenza dei moltissimi casi di pedofilia della sua vecchia diocesi (l'assegnazione alla sede di Ballarat di numerosi sacerdoti criminali provenienti da tutto lo Stato viene definita dal presule come "una disastrosa coincidenza") e spiegando di essere stato tenuto all'oscuro di tutto dal vescovo della diocesi Ronald Mulkearns, di cui era il consultore. Fu solo lui, questo il ragionamento, a spostare padre Gerald da una città all'altra lasciandolo libero di nuotare come un barracuda in un acquario di pesciolini. "Sono stato ingannato da un mondo di pedofili," si legge in una dichiarazione resa ai giudici durante un interrogatorio fatto in videoconferenza da Roma il 2 marzo 2016, "un mondo che non voleva disturbi allo status quo." La sua linea difensiva è chiara e semplice: l'orrore intorno a lui accadeva a sua insaputa. Nonostante Pell sia stato ai vertici della gerarchia ecclesiastica per decenni, i depistaggi e gli occultamenti furono a suo parere orchestrati da altri: "Il mio predecessore Frank Little come vescovo di Melbourne [dimessosi quattro anni prima della scadenza del mandato, ufficialmente per motivi di salute] non agì come avrebbe dovuto e non fornì le adeguate informazioni. Consentiva alle persone di rimanere al loro posto o le trasferiva".

Ma a Ballarat le aggressioni ai bambini e ai ragazzi negli asili, nei bagni delle parrocchie e nelle scuole dei Fratelli Cristiani, furono sistematiche. Ancor più che a Melbourne. Come poteva il cardinale non essersi accorto della caccia frenetica organizzata dai fratelli che lavoravano nelle scuole cristiane? Un altro testimone interrogato dai giudici, Timothy Green, ha ricordato che quando avvertì Pell di come il sacerdote Edward Dowlan avesse abusato di alcuni ragazzini in un collegio cattolico della città, l'attuale ministro dell'Economia della Santa Sede gli replicò di "non essere ridicolo", uscendo dalla stanza senza degnarlo di altre attenzioni. "Respinse solo l'accusa, e uscì. La sua reazione mi ha dato l'impressione che lui conoscesse fratello Dowlan, ma che non potesse o non volesse fare nulla al riguardo." Il nome di uno dei compagni di scuola di Green è nella lista dei suicidi (una dozzina) che si sono contati a Ballarat in questi anni, e che qualcuno considera collegati agli abusi in tonaca: "Il mio amico fu violentato", ha rammentato tra le lacrime il testimone, "e qualche anno fa si è ammazzato facendosi esplodere con la sua auto". Nella stessa giornata un'altra deposizione parallela di un sopravvissuto di Ballarat ha gelato la Commissione: Gordon Hill, che ha settantatré anni, ha infatti descritto gli orrori subiti da lui e altri bambini in un orfanotrofio di Ballarat, dove "talvolta le suore ci punivano estraendo un dente con un paio di pinze, o colpendo in testa uno di noi con un martello da carpentiere. Ricordo che una volta le suore mi buttarono in quello che noi chiamavamo 'la prigione sotterranea', un buco fuori dall'orfanotrofio scavato sotto l'inceneritore: lì fui lasciato con un secchio, una porta insonorizzata e una lucetta. Non c'erano finestre. Come letto avevo un ripiano di cemento, e come coperta tre o quattro sacchi di iuta".

Poteva Pell, originario di Ballarat e per lustri a capo della diocesi, non sapere nulla di cosa stava accadendo dentro la sua Chiesa? "Non avevo idea delle dimensioni del fenomeno. Non sono stato informato in maniera adeguata dal Catholic Education Office o dal vescovo Mulkearns. Si sono chiaramente resi conto che non ero della stessa stoffa... avranno avuto paura che avrei fatto ogni genere di domanda scomoda se fossi stato meglio informato," ha detto a verbale. Una ricostruzione che l'avvocato Gail Furness della Commissione d'inchiesta ha bollato, semplicemente, come "non plausibile".

Molte accuse contro Pell sono infatti circostanziate e basate sulle confessioni di testimoni diretti. Se un altro ragazzo gli confidò direttamente gli orrori dell'istituto dei Fratelli Cristiani senza che ne derivassero indagini né altre conseguenze ("ho sbagliato a fidarmi solo del cappellano a cui domandai se le storie che mi avevano descritto fossero reali", si è giustificato, "quei crimini sono profondamente malvagi e completamente ripugnanti per me"), il nipote del suo amico pedofilo, padre Gerald, lo ha tirato in causa pesantemente. Raccontando come nel febbraio del 1993 il cardinale avrebbe cercato di comprare il suo silenzio. "Voleva che io tacessi sulle violenze che avevo subìto da mio zio quando avevo undici anni." Secondo David Ridsdale, Pell – con cui David si era confidato anni dopo, considerandolo un amico di famiglia – in un incontro riservato gli avrebbe chiesto, letteralmente: "Che cosa ci vorrebbe per non farti parlare?".

"Negli interrogatori non ho mai detto che Pell mi abbia chiesto qualcosa di specifico durante quella conversazione. Ho detto che i suoi tentativi di dirigere la conversazione lungo una strada ben precisa mi resero estremamente sospettoso delle sue reali motivazioni e di cosa stesse insinuando," ha spiegato il nipote del pedofilo nel 2015. Inizialmente, davanti alla denuncia degli abusi, il cardinale diede una risposta "laconica". Poi "cominciò a parlare della mia famiglia che stava crescendo e della necessità di prendermi cura dei loro bisogni". David aveva venticinque anni e aveva appena avuto un figlio. "Ha detto che presto io avrei voluto comprare una casa o un'auto per la mia famiglia," ha ribadito David (che oggi ha quarantotto anni) davanti ai giudici nel 2015. "Ricordo con chiarezza le ultime tre cose che ci siamo detti:

Io: 'Scusami, George, di che cazzo stai parlando?'.

George: 'Voglio sapere che cosa ci vorrà per tenerti tranquillo'.

Io: 'Vai a farti fottere, George. Tu e tutto quello che rappresenti'.

La conversazione era telefonica. Subito dopo ho chiamato mia sorella e le ho detto: 'Il bastardo ha cercato di corrompermi'."

Una ricostruzione che il braccio destro del papa considera totalmente falsa. "Io sono stato estremamente comprensivo con David. Continuo a rimpiangere l'equivoco che c'è stato tra noi due. In nessun momento io ho provato a corrompere David Ridsdale o la sua famiglia con qualche finanziamento per indurlo al silenzio. Al tempo della nostra discussione ero già a conoscenza di varie accuse contro Gerald Ridsdale e stavano indagando. Ieri, come oggi, ho sostenuto le indagini della polizia," si è giustificato Pell negando con forza qualsiasi tentativo di corrompere la vittima. Parola contro parola. È un fatto, però, che la telefonata ci sia stata, e che dopo la chiacchierata David abbia deciso di andare immediatamente dagli investigatori per denunciare le violenze subite. Ed è certo che quella conversazione abbia dato il via a un conflitto contro l'attuale cardinale che non si è ancora concluso.

Pell e la curia negano di aver mai neppure immaginato che sotto la tonaca di don Gerald potesse nascondersi un criminale seriale. Eppure, nelle molte parrocchie a cui è stato assegnato nel corso del suo lungo servizio, talvolta la permanenza del prete nelle comunità di fedeli è durata pochi mesi. Addirittura poche settimane: durante il suo distacco a Inglewood, nel 1975, i segugi dell'associazione Broken Rites hanno scoperto come il presule fu costretto a fuggire dalla chiesetta della città nottetempo, dopo che alcune vittime avevano minacciato di riferire i suoi assalti sessuali alla polizia. Difficile che nessuno, tra le gerarchie, fosse venuto a conoscenza della precipitosa partenza, anche perché Ridsdale fu riassegnato subito dopo in un'altra parrocchia. "La verità è che quella degli abusi di padre Gerald era una storia triste, ma non di grande interesse per me," ha detto il 3 marzo 2016 Pell, scandalizzando ancora una volta testimoni e giudici.

Anche un'altra vicenda, quella di Anthony Jones, è paradigmatica del sistema difensivo messo in piedi dal ministro del Vaticano. Il bambino fu violentato a dieci anni da un altro sacerdote australiano, padre Terence Goodall. Una volta cresciuto aveva cercato giustizia, inoltrando alla diocesi di Melbourne una richiesta di aiuto, e una domanda di risarcimento economico per ciò che fu costretto a subire. Nel 2003 il vescovo Pell rispose, dichiarando che le accuse non potevano essere suffragate perché un investigatore della Chiesa aveva stabilito, alla fine di un'istruttoria, che nessun altro aveva mai denunciato il presunto pedofilo. Non solo: il cardinale spiegò alla vittima che il presunto molestatore aveva negato con forza di aver commesso qualsiasi aggressione, e che il rapporto sessuale con il ragazzo c'era stato, ma era avvenuto consensualmente. Dunque, le sue richieste erano inaccettabili. Peccato che cinque anni dopo, nel luglio del 2008, i giornalisti del programma *Lateline* della Abc australiana abbiano pubblicato una seconda lettera scritta dal "Ranger". Imbucata nella cassetta della posta lo stesso giorno, ma indirizzata a un'altra vittima di padre Goodall. Un ex chierichetto violentato a nove anni, a cui Pell spiegava di credere alle accuse rivolte, accettandone la versione dei fatti.

"Non ho mai voluto ingannare Jones, la mia lettera era scritta male, era sbagliata, l'errore è stato mio. Non vi è stato nessun insabbiamento: volevo dire che non vi era stata alcun altra accusa di stupro," si è arrampicato sugli specchi il ministro vaticano. Come altre vittime che accusano Pell di aver fatto di tutto per difendere i pedofili e la cassaforte della Chiesa cattolica, anche il signor Jones non gli crede più: "Il cardinale ha distorto la verità. Ha distrutto la mia fede. Ora odio il cattolicesimo a causa di quello che Pell ha fatto a me, più ancora che per quello che mi ha fatto padre Goodall nel 1984". Per la cronaca don Terence è stato condannato nel 2005 per l'attacco a Jones "per aggressione indecente". Una condanna che è arrivata anche grazie a un'intercettazione tra il prete e la vittima, nella quale il pedofilo chiede perdono ammettendo che il rapporto non era stato affatto consensuale, ma forzato.

Ma nel marzo 2016 Pell è stato interrogato anche in merito al caso di padre Peter Searson, morto nel 2009, accusato di aver seviziato decine di bimbi tra gli anni settanta e novanta, e diventato famoso in Australia per aver puntato una pistola contro i parrocchiani e aver infilzato – questo il ricordo di alcune sue vittime – un uccello con un cacciavite davanti a un gruppo di minori. Pell, di fronte alla domanda di uno dei commissari che gli chiedeva conto di una riunione durante la quale fu presentata una lista di lamentele di alcuni piccoli che accusavano il prelato di abusi sessuali e dure punizioni corporali, ha detto di "non ricordare" e di non sapere nulla delle abitudini del collega, che amava frequentare i gabinetti dei ragazzini, registrare le confessioni e fare inginocchiare i catechisti fra le sue gambe.

Non solo: il cardinale ha anche sostenuto che fu lui a consegnare personalmente una lettera a Searson, nel 1998, in cui gli chiedeva le immediate dimissioni. Una misura che allora non era appoggiata dal Vaticano. "Io ignorai la decisione di Roma, e Roma non insistette," ha detto l'alto monsignore. Dagli atti della Royal Commission risulta però che l'uomo chiamato da Francesco per ripulire la curia romana dai corrotti e dai peccatori fosse stato avvertito del comportamento immorale di padre Peter dal Catholic Education Office già nel 1989. Ben nove anni prima che il cardinale si prendesse la briga di cacciare il pedofilo. Una solerzia, dunque, a scoppio ritardato. Va detto a onore della verità che il Vaticano avrebbe temporeggiato ancora di più.

Il lato oscuro del "Ranger"

Le prime controversie sulla figura di Pell risalgono a oltre dieci anni fa. Nel 2003, quando Giovanni Paolo II decise di promuoverlo con la porpora, furono molti a biasimare apertamente Wojtyla. Ultraconservatore, oratore schietto dotato di grande ironia, Pell qualche mese prima era stato infatti costretto ad autosospendersi dalla carica di arcivescovo dopo essere stato accusato lui stesso di abusi sessuali su un ragazzino di dodici anni. Un'infamia da cui fu scagionato nel 2002 per mancanza di prove, e da cui è uscito più forte di prima.

Furbo, intelligente e scaltro, è figlio di un barista di Ballarat. Affabile con tutti (capacità appresa servendo alcolici dietro il bancone del pub di famiglia), riuscì da bambino a sopravvivere a un tumore al collo, appassionandosi negli anni al football australiano, al canottaggio e al pugilato. Iniziò a frequentare il seminario nel 1960, poi volò a Oxford dove ottenne un dottorato in storia della Chiesa. Nel 1996 il grande salto, quando viene nominato – su volere della gerarchia vaticana che ne apprezzava l'intransigenza dottrinaria – arcivescovo di Melbourne. Capace di raddrizzare i conti della diocesi grazie all'aiuto del suo economo di fiducia Danny Casey – che ora ha portato con sé a Roma con stipendio da 15 mila euro al mese – negli anni si fa notare per dichiarazioni sorprendenti: da quelle sui preti pedofili ("non è solo un problema della Chiesa, parte del problema è anche l'implacabile diffusione della pornografia") passando a quelli sull'Islam ("è una religione guerresca per natura") e sul cambiamento climatico (Pell è scettico verso le teorie del riscaldamento globale, e ha persino attaccato la recente enciclica ambientalista *Laudato si'* di Francesco), fino alle aspre critiche al dimissionario Benedetto XVI.

Quando la vicenda dei preti pedofili e dei suoi presunti insabbiamenti rende mefitica l'aria, il ragazzo che nei sogni del padre doveva diventare un medico o un grande avvocato decide che è arrivato il momento di lasciare l'emisfero australe. Così, nel 2010, prova a trasferirsi a Roma, e si candida con Ratzinger come nuovo prefetto della Congregazione per i vescovi, ruolo chiave della gerarchia curiale. A maggio del 2010 la nomina sembra praticamente cosa fatta, tanto che risulta che la Santa Sede avesse persino trovato un appartamento adeguato a Pell, nell'elegante via Rusticucci: i rapporti con Benedetto XVI e con il segretario Tarcisio Bertone sono ottimi, le valigie sono già pronte, i biglietti aerei solo da acquistare. Improvvisamente, però, le cose cambiano: alcuni vescovi evidenziano che il personaggio è malvisto da autorevoli giornali anglosassoni, e che sarebbe rischioso (in un periodo in cui la Chiesa era già sotto schiaffo per gli scandali dei preti pedofili negli Stati Uniti e in Irlanda) scivolare su una buccia di banana elevando su una poltrona chiave proprio l'ex barista. L'operazione alla fine sfuma, e Bertone consiglia al papa di nominare al posto di Pell il francese Marc Ouellet. Big George, come lo chiamano gli amici più intimi, è costretto a rimanere a Sidney, ma come contentino viene inserito in un gruppo di quindici cardinali che sovrintendono le finanze d'Oltretevere, restando influente consigliere di

Benedetto XVI anche durante la vicenda del primo Vatileaks.

Arrivato Francesco e tramontato il potere dei bertoniani, l'ex campione di football australiano decide di giocare al cospetto del nuovo pontefice altre carte, presentandosi come esperto di finanza: grazie ai buoni uffici di monsignor Ángel Vallejo Balda che inizialmente lo sponsorizza (per poi diventarne nemico giurato), Pell convince Bergoglio che, dopo gli scandali a gogò degli anni di Ratzinger, sia lo Ior sia l'Apsa vanno ricostruite dalle fondamenta. Il piano del cardinale convince il pontefice argentino, che lo innalza a suo braccio destro. Il 13 aprile 2013 l'australiano entra nel cosiddetto C9, il gruppo di nove porpore che consiglia il successore di Pietro sul governo della Chiesa universale. Pell studia anche un progetto per riformare la curia di Roma, mentre un anno dopo si fregia del titolo di primo prefetto della segreteria per l'Economia.

Nonostante la Royal Commission abbia cominciato, da tempo, a tenerlo nel mirino, nella Santa Sede (e in Italia) nessuno protesta o alza un sopracciglio per una decisione sorprendente. "Papa Francesco ha escogitato una soluzione molto elegante per risolvere due problemi in una volta sola," commenta l'ex primo ministro del Nuovo Galles del Sud, Kristina Keneally, politica e cattolica dichiarata. "Da una parte acquista un outsider energico e risoluto per ripulire le finanze del Vaticano. Dall'altra elude sfide inevitabili per la Chiesa in Australia, quando sarà pubblicato il rapporto finale della Commissione."

"Non è una sorpresa che al cardinale Pell sia stato offerto un paracadute d'oro dal Vaticano per lasciare la sua giurisdizione proprio quando in Commissione le cose si stanno facendo serie," ha chiosato ironico il portavoce di Broken Rites Wayne Chamley.

Di fatto la fiducia del papa resta solida come una roccia, e comincia a incrinarsi non tanto per le gravi vicende dei sacerdoti pedofili ma solo quando – all'inizio del 2015 – qualcuno invia a Santa Marta, residenza di Bergoglio, tutte le voci di spesa del neonato dicastero: il suo protetto ha infatti investito centinaia di migliaia di euro per voli in business class, vestiti su misura, mobili di pregio. Oltretevere sono in tanti a essere rimasti di stucco davanti alle uscite del centro di costo del ministero nato con un motu proprio con l'obiettivo dichiarato di moralizzare la curia romana. Da luglio 2014 a gennaio 2015 gli esborsi hanno infatti toccato i 501 mila euro, tra computer, stampati interni, stipendi monstre per amici degli amici, vestiti messi in conto al Vaticano, affitti, biglietti aerei, arredi di lusso e tappezzeria su misura.

Pell in due anni e mezzo ha imposto i suoi uomini allo Ior e al Consiglio dell'Economia, ha provato (senza riuscirci del tutto) a incentrare nel suo dicastero, dunque nelle sue mani, il controllo dell'intero tesoro finanziario e immobiliare della Santa Sede, e agli attacchi che arrivavano dalla madrepatria ha sempre replicato con sprezzo e durezza. Rifiutandosi anche di volare in Australia per testimoniare davanti alla commissione governativa, nonostante i giudici lo abbiano convocato più volte. Portando una giustificazione medica: disturbi cardiaci non consentirebbero al cardinale di sostenere una trasvolata oceanica così lunga.

Il capo dei giurati Peter McClelland ha accettato però di ascoltarlo in videoconferenza da Roma, dall'Hotel Quirinale di via Nazionale. Solo allora il caso di Pell è stato seguito con attenzione dalla stampa italiana, e solo nelle udienze di fine febbraio-inizio marzo 2016 il cardinale (davanti a un gruppetto di quattordici reduci che hanno tentato, inutilmente, di incontrare Francesco) ha cambiato il tono delle sue dichiarazioni, facendo parziali ma generiche ammissioni: "La Chiesa cattolica ha commesso enormi errori, ma sta lavorando per rimediare. Ha causato gravi danni in molti luoghi, ha deluso i fedeli, io non sono qui a difendere l'indifendibile, e ammetto che in passato la Chiesa era fortemente propensa ad accettare le smentite dei sacerdoti pedofili piuttosto che le accuse delle vittime molestate". Un istinto che Pell giustifica con la volontà della gerarchia di "proteggere dalla vergogna l'istituzione, la comunità di Santa Romana Chiesa".

L'indagine della Royal Commission non sembra aver messo in imbarazzo il Vaticano, che da Francesco in giù ha sempre difeso il cardinale più potente del C9. La Santa Sede finora ha creduto alla verità del "Ranger", non ha mai dato davvero credito alle denunce dei sopravvissuti, non ha mai nemmeno messo in discussione il comportamento, omissivo ed eticamente assai discutibile, del suo prelato. Che, documenti alla mano, non solo ha accompagnato presunti pedofili in aula di giustizia e tentato di proteggere le finanze della sua ricchissima diocesi proponendo pochi spiccioli a chi ha sofferto a causa dei sacerdoti maniaci, ma per decenni non si è accorto della tragedia che si stava consumando sotto i suoi occhi. "George Pell ha sempre risposto attentamente e in modo argomentato alle accuse e alle domande formulate dalle autorità competenti, le sue dichiarazioni pubbliche devono essere considerate attendibili di rispetto e attenzione," lo difende l'ex direttore della sala stampa d'Oltretevere padre Federico Lombardi.

L'8 giugno del 2016 Pell, dopo aver compiuto settantacinque anni, ha dato le dimissioni per "limiti di età", come vuole la prassi d'Oltretevere. In molti pensavano che Francesco prendesse la palla al balzo per levarsi di torno la porpora. Invece le ha rifiutate, rinnovando la fiducia al suo collaboratore e concedendo al cardinale altro tempo al comando del dicastero, attraverso un regime di prorogatio, assegnato a Pell con la formula latina del *"donec aliter providcatur"*, ossia "finché non si provveda altrimenti". È possibile che Pell venga sostituito agli inizi del 2017, con un pensionamento soft in Vaticano, o che prosegua nell'incarico oltre i termini. Uno o due anni, come spesso accade. Tutto dipende dalla volontà di Bergoglio: esistono cardinali capi di dicasteri che hanno anche settantotto anni.

Ci sono però altri fantasmi del passato che rischiano di scombinare i piani del papa. Pell da luglio 2016 è infatti finito in una nuova inchiesta della magistratura australiana perché accusato di aver commesso lui stesso abusi su alcuni ragazzini: come ha riferito il "Guardian", la polizia ha raccolto prima le denunce di tre uomini (che raccontano di come il cardinale, durante un campeggio estivo organizzato dalla diocesi negli anni ottanta, abbia mostrato loro le sue parti intime), poi quelle di due ex studenti della scuola St. Alipius. Si tratta di Damian Dignan e Lyndon Monument: hanno depositato le loro denunce in gran segreto nel 2015 e in due momenti diversi, e oggi affermano che Big George, quando era vescovo vicario della diocesi, avrebbe fatto il bagno insieme a loro in una piscina di Ballarat, palpeggiandoli nelle parti intime mentre nuotavano. Fatti risalenti alla fine degli anni settanta. Monument ha spiegato che finora non aveva rivelato alcunché in quanto spaventato dall'enorme potere del cardinale. Mentre scriviamo la polizia di Victoria, che ha interrogato il cardinale in Vaticano a metà ottobre 2016, ha chiesto alla procura se procedere con l'indagine (nel qual caso Pell rischierebbe un'incriminazione ufficiale per pedofilia) o chiudere il fascicolo. Ricordiamo che anche nel 2002 Pell (che si dichiara innocente parlando di "orribili calunnie", e di una campagna denigratoria orchestrata da mezzi di comunicazione e dagli stessi investigatori) era stato costretto a difendersi da attacchi infamanti da parte di un ex chierichetto, e che le accuse erano poi state archiviate.

Eppure nemmeno la nuova tegola ha convinto Francesco a rinunciare ai servizi del responsabile delle finanze di Dio, e a fine estate 2016 ha voluto gettare acqua sul fuoco personalmente: "Le prime notizie arrivate erano confuse, risalivano a quarant'anni fa, neppure la polizia in un primo momento vi ha fatto caso.

Ora le denunce sono nelle mani della giustizia", ha detto il pontefice. "Non si deve giudicare prima che la giustizia giudichi. Se dessi un giudizio a favore o contro il cardinale Pell non sarebbe buono, perché giudicherei prima. C'è il dubbio, e quel principio chiaro del diritto *in dubbio pro reo*. Ma dobbiamo aspettare la giustizia e non fare un giudizio mediatico o chiacchiere, perché non aiuta. Una volta che la giustizia parla, parlerò io."

Al netto delle ultime accuse su cui è necessaria assoluta prudenza, però, le carte e le testimonianze incrociate messe insieme dalla Royal Commission non hanno affatto evidenziato semplici "chiacchiere" o gossip di corridoio, ma fatti di enorme rilievo morale. Per molto meno Bergoglio in altri casi, come vedremo, ha preso posizioni assai più dure e categoriche. Ma Pell è un fedelissimo scelto personalmente da lui: cacciarlo su due piedi porterebbe contraccolpi enormi. Perché obbligherebbe il papa a un mea culpa su una scelta fatta solo due anni fa. Il "Ranger", inoltre, non è il solo cardinale dell'inner circle del papa che nasconde imbarazzanti scheletri nell'armadio. Saltasse lui, l'effetto domino sarebbe imprevedibile.

2.
Gli intoccabili

> Non sapete che gli ingiusti non erediteranno il regno di Dio?
> Non illudetevi: né immorali, né idolatri, né adùlteri, né depravati, né sodomiti, né ladri, né avari, né ubriaconi, né calunniatori, né rapinatori erediteranno il regno di Dio.
>
> Paolo, *Prima lettera ai Corinzi* 6, 9-10

Atti *"contra sextum"*. Così la Congregazione per la dottrina della fede definisce i fascicoli impilati sulle scrivanie dell'ufficio disciplinare dove finiscono le denunce contro i preti accusati di "delitti contro il sesto comandamento con minori". "Non fornicare. Non commettere atti impuri. Non commettere adulterio": dal 2001 infrangere il sesto comandamento con un minore è considerato dal Vaticano un *"graviora delicta"*, un crimine grave, al pari dei crimini contro l'Eucarestia, la violazione del sigillo sacramentale e il "delitto di scaricamento di pornografia infantile". Tutti misfatti definiti reati "contro la morale".

Ogni giorno una ventina di sacerdoti varca le porte del palazzo del Sant'Uffizio, a venti metri dal colonnato disegnato da Gian Lorenzo Bernini in piazza San Pietro. Il lavoro, per loro, è mastodontico: perché, nonostante la stretta annunciata da Benedetto XVI e da Francesco, le denunce continuano ad arrivare a pacchi. Nel 2015 sono giunte ben 518 segnalazioni di *graviora delicta*, e – come si legge in un documento della Congregazione – per la grande "maggioranza riguarda abusi sessuali su minori". Per il 2014 il Vaticano chiarisce che su 587 cause (chiamate "ponenze") aperte dall'ufficio disciplinare, oltre 500 riguardano i crimini più disonorevoli. Per il 2013 i dati sono più precisi: durante il primo anno di pontificato di Francesco, su 522 ponenze arrivate dalle diocesi, dagli istituti ed entità ecclesiastiche "dei vari paesi del mondo", l'84,8 per cento del totale (quindi 443 casi) ha interessato i *graviora delicta*, "di cui 401 riguardanti accuse credibili a carico di un sacerdote con un minore di meno di diciotto anni", ha spiegato a maggio 2014 monsignor Silvano Tomasi, l'osservatore permanente della Santa Sede alle Nazioni Unite durante un'audizione al Comitato contro la tortura che chiedeva informazioni sul fenomeno.

Stesso impressionante trend del 2012 e del 2011, anno in cui le nuove pratiche aperte sono state 599, di cui 440 riguardanti i *graviora delicta* e di questi circa il 91 per cento (402 casi) concernente proprio abusi di chierici su bambini e ragazzini. Il rapporto tra il totale delle denunce e le accuse contro i maniaci sessuali, pubblicato sul volume *L'attività della Santa Sede* del 2011, come spiegano fonti interne alla Congregazione, "è stato confermato anche negli ultimi anni": vuol dire che durante i primi tre anni di pontificato di Francesco sono arrivate a Roma all'incirca 1200 denunce di casi di molestie e atti sessuali sui più piccoli.

Quattrocento segnalazioni l'anno. Meno rispetto all'anno record degli scandali statunitensi, il 2004, quando arrivarono alla Congregazione 700-800 cause, ma molte di più rispetto al periodo 2005-2009: nel quinquennio la media annuale dei casi segnalati al ministero preposto è stata inferiore ai 200 l'anno. Le denunce riprendono a correre di nuovo a partire dal 2010, arrivando a un raddoppio secco.

Una montagna di scartoffie che raccontano storie drammatiche e infamanti avvenute negli ultimi decenni, che sono già passate sotto il vaglio di una prima inchiesta interna della diocesi e inoltrate all'ufficio disciplinare della Congregazione perché considerate "credibili" dai vescovi responsabili dell'istruttoria preliminare. Già: dal 2001 il diritto canonico, aggiornato quell'anno sotto le spinte degli scandali americani da un motu proprio di Giovanni Paolo II e dalla lettera *De delictis gravioribus* firmata dall'allora prefetto della Congregazione Joseph Ratzinger e dal segretario Tarcisio Bertone (due documenti con cui il Vaticano allungò anche i tempi di prescrizione del reato di pedofilia: la decadenza arriva dieci anni dopo il compimento della maggiore età del presunto abusato), prevede infatti che i vescovi non possano più gestire da soli, come facevano in precedenza, i dossier sui chierici sospettati, ma debbano rispettare un rigido protocollo. "Se l'accusa è verosimile il vescovo ha l'obbligo di investigare sia l'attendibilità della denuncia che l'oggetto stesso della medesima, e se l'esito di questa indagine previa è attendibile, non ha più il potere di disporre della materia, e deve riferire il caso a Roma, dove viene trattato dall'ufficio disciplinare della Congregazione," spiegava nel 2010 monsignor Charles Scicluna, oggi arcivescovo a Malta e per anni promotore di giustizia (cioè magistrato dell'accusa) della Congregazione. Il potenziamento della vigilanza della Congregazione su casi di pedofilia mira, sulla carta, a prevenire insabbiamenti da parte dei vescovi dei processi canonici di primo grado, ed è stato salutato dal Vaticano come un passo avanti "rivoluzionario". Il testo del motu proprio del 2001, tra l'altro, citava anche un documento riservato mai pubblicato prima negli atti ufficiali del Vaticano, il *Crimen sollicitationis*, un dispositivo che conteneva le procedure segrete precedentemente usate dalla Chiesa nel caso un sacerdote avesse violato il sesto comandamento. Emesso nel 1962 dal Sant'Uffizio e approvato da Giovanni XXIII (ma una prima edizione voluta da Pio XI è del 1922), nel *Crimen sollicitationis* veniva previsto che i preti lussuriosi fossero processati dal tribunale diocesano, che aveva l'obbligo di imporre "un segreto istruttorio" su ogni notizia di reato.

Non solo: "Una volta giunti a sentenza e poste in

esecuzione le decisioni del tribunale, su di esse si mantenga perpetuo riserbo. Perciò tutti coloro che a vario titolo entrano a far parte del tribunale o che per il compito che svolgono siano ammessi a venire a conoscenza dei fatti sono tenuti al più stretto segreto, su ogni cosa appresa e con chiunque, pena la scomunica *latae sententiae*, per il fatto stesso di aver violato il segreto", ammoniva la normativa dei rappresentanti di Cristo.

Un obbligo al silenzio che, secondo i critici, serviva esclusivamente a occultare e nascondere i delitti sessuali compiuti dai sacerdoti. Altri esperti più indulgenti ed esponenti della curia sottolineano invece che il documento interno e le sue regole intendevano evitare casi di giustizia-spettacolo (in modo da proteggere la privacy delle vittime e dei chierici accusati "che hanno diritto alla presunzione di innocenza fino a prova contraria"), mettendo altresì in luce il fatto che l'ordine al segreto riguardava esclusivamente il processo canonico. In teoria il *Crimen* non impediva alla gerarchia ecclesiastica di denunciare alle autorità civili i casi di pedofilia di cui si era a conoscenza.

Nei fatti, però, le denunce sono state, per decenni, praticamente inesistenti. L'esistenza del *Crimen* stesso, d'altronde, era tenuta segretissima. Nel 2005 papa Ratzinger, che da prefetto della Congregazione era naturalmente a conoscenza del documento, venne per questo motivo citato in una causa civile da uno studio legale in una Corte distrettuale del Texas, per presunta "ostruzione alla giustizia". Di fatto, accusato di aver coperto chierici pedofili negli Stati Uniti. Una procedura che fu bloccata dal giudice istruttore il quale, ascoltato il dipartimento di Stato americano, rigettò immediatamente l'istanza, dal momento che Benedetto XVI godeva di immunità in quanto capo di Stato estero.

Se il *Crimen* prevedeva "perpetuo riserbo" sui processi diocesani, nel 2001 l'istruzione firmata da Ratzinger e Bertone avoca alla Congregazione tutte le cause *contra sextum*, e conferma nuovamente che siano "soggette al segreto pontificio". Proprio così: ancora oggi nessuno può conoscere ufficialmente indagati, accuse e reati, né l'esito delle migliaia di processi svolti negli ultimi quindici anni in Vaticano. Coloro che non custodiscono il segreto, rompendo il giuramento prestato, compiono "peccato grave", e vanno incontro a sanzioni severissime decise da una commissione disciplinare ad hoc. Tra queste, il licenziamento e la scomunica.

Non esiste alcun accenno a un obbligo di denuncia alle autorità civili da parte del vescovo o del presule che viene a conoscenza del reato nemmeno nelle nuove disposizioni volute da Ratzinger nel maggio del 2010, che introdussero nei codici vaticani il reato di pedopornografia, la possibilità di procedere per via extragiudiziale nei casi più gravi (il pontefice può spretare gli accusati davanti a prove schiaccianti senza attendere l'esito del processo), e l'allungamento della prescrizione del delitto da dieci a vent'anni. Un aggiornamento che riguardava solo i crimini commessi all'interno della Città del Vaticano, e che nemmeno stavolta prescriveva un obbligo di denuncia universale da parte di un vescovo o di un sacerdote venuto a conoscenza di atti sessuali su bambini – almeno nei paesi dove la denuncia alla giustizia ordinaria non è prevista dalle leggi nazionali, come per esempio nel caso dell'Italia. Osservatori di mezzo pianeta, Onu compreso, hanno denunciato questa mancanza. Che va di pari passo con altre decisioni che sembrano difficilmente comprensibili, come quella di mettere sullo stesso piano tra i crimini gravi, alla pari degli abusi sessuali su minori, il tentativo di ordinazione di una donna a ministro della Chiesa.

Se chi fa trasparenza sui processi della Congregazione rischia la scomunica, meno pesanti appaiono le condanne a cui vanno incontro i preti pedofili. Innanzitutto, come ha ammesso monsignor Scicluna, almeno fino al 2011 solo il 10 per cento degli abusi è stato considerato dal tribunale della Chiesa come un vero e proprio "atto di pedofilia: nel 60 per cento di questi casi si tratta più che altro di atti di 'efebofilia', cioè dovuti ad attrazione sessuale per adolescenti dello stesso sesso; in un altro 30 per cento di rapporti eterosessuali [suore e preti che hanno relazioni con ragazzi e ragazze]". Non solo. Scicluna ammette che "un processo vero e proprio si è svolto nel 20 per cento dei casi, e normalmente è stato celebrato nelle diocesi di provenienza, ovviamente sotto la nostra supervisione, e solo rarissimamente qui a Roma. Facciamo così soltanto per una maggiore speditezza dell'iter. Nel 60 per cento dei casi, poi, soprattutto a motivo dell'età avanzata degli accusati, non c'è stato processo".

Dunque, prendendo per buoni gli ultimi dati ufficiali comunicati dal Vaticano all'Onu inerenti il travagliato lasso di tempo che va dal 2004 al 2011, solo 848 preti sui 3420 processati, cioè meno del 25 per cento del totale, sono stati giudicati colpevoli di reati "gravissimi", e dunque dimessi dallo stato clericale. Per la stragrande maggioranza, sono stati emanati provvedimenti amministrativi e disciplinari, come ammonizioni, sospensioni più o meno lunghe, l'obbligo a non celebrare messa con i fedeli, a non confessare, e a condurre, questa la formula più usata nelle sentenze, "una vita ritirata e di preghiera".

Il caso Maradiaga

Secondo il cardinale Gerhard Müller, attuale prefetto della Congregazione per la dottrina della fede, "i pedofili nella Chiesa sono un certo numero di individui disturbati o immaturi. Ricordo che la maggior parte degli abusi sessuali si verifica all'interno della cerchia familiare. Sono padri e altri parenti delle vittime. Non si può trarre la conclusione che la maggior parte dei padri siano possibili o effettivi colpevoli. Negli scorsi decenni nessuno aveva chiare le conseguenze a lungo termine di questi abusi, si pensava che tutto potesse essere risolto ammonendo il colpevole. Oggi anche nella Chiesa c'è un cambiamento rispetto al quale non si può tornare indietro".

Müller è il braccio armato di Francesco nella lotta alla pedofilia. Oltre a quella della corruzione della curia, è una delle battaglie che Bergoglio ha annunciato di voler combattere fin dalle prime settimane del suo pontificato. Una guerra chiesta a gran voce anche dai fedeli e dalle associazioni delle vittime di tutto il mondo, che la hanno messa al primo posto tra i compiti del nuovo papa, da cui si attendevano rigore e trasparenza. "La pedofilia è un problema grave, per i sacerdoti che fanno questo equivale a celebrare messe nere", "La lebbra è anche dentro la casa della Chiesa, il due per cento dei sacerdoti è pedofilo, ci sono perfino vescovi...", "Un vescovo che trasferisce un sacerdote di parrocchia quando si sono rilevati casi di pedofilia è un incosciente, che per questo dovrebbe presentare la rinuncia e dimettersi. La pedofilia è una mostruosità, perché un sacerdote che è consacrato toglie un figlio a Dio. Lo distrugge. Lo divora come in un sacrificio diabolico," ha detto e ripetuto Francesco durante i suoi quasi quattro anni di pontificato, conscio della gravità del fenomeno che ha devastato l'immagine della Chiesa cattolica nel primo decennio del nuovo millennio. E consapevole che era necessario dare risposte a chi chiedeva la cacciata e una punizione esemplare per i preti lussuriosi, per i vescovi insabbiatori che non hanno protetto i bambini, e la fine di una cultura omissiva e autoassolutoria da parte della Chiesa, che per decenni ha messo davanti al bene dei più piccoli il buon nome (e i conti correnti) dell'istituzione.

Ora, agli annunci e alle dichiarazioni di condanna, Francesco ha fatto seguire anche azioni concrete. Ma i buoni intenti sulla carta – esattamente come nelle questioni riguardanti la corruzione finanziaria e la gestione delle enormi ricchezze vaticane – non si sono sempre tramutati in quello tsunami che molti si attendevano. Una timidezza nell'azione di governo causata dall'opposizione di parte maggioritaria del sistema ecclesiastico e della curia, certo. Ma anche un'incoerenza delle stesse scelte di Francesco, che – forse mal consigliato – ha talvolta promosso vescovi e cardinali che hanno coperto scandali, e si è rifiutato di punire prelati a lui vicinissimi che in passato, davanti a minori abusati, hanno girato la testa dall'altra parte e aiutato i predatori a farla franca.

Il caso del cardinale Pell è emblematico. Ma non è l'unico. È un fatto, per esempio, che Óscar Rodríguez Maradiaga, cardinale e arcivescovo di Tegucigalpa in Honduras, oggi uno degli uomini più ascoltati da Bergoglio, tra il 2002 e il 2003 abbia ospitato in una delle diocesi sotto il suo controllo don Enrique Vásquez, un prete incriminato dalla polizia del Costarica per abusi sessuali, e braccato senza risultati dall'Interpol per diversi anni.

La vittima, Ariel H., quando fu violentato aveva solo dieci anni, e da chierichetto aiutava don Enrique nelle sacre funzioni. Gli abusi durarono mesi, nel retrobottega della diocesi tropicale. Salazar Flory, la madre del piccolo, venne a conoscenza del segreto oscuro del figlio solo quando un altro prete, il reverendo Alvaro Blanco, le raccontò di aver trovato il suo collega a petto nudo disteso con Ariel in un giaciglio.

"Quando andai da don Enrique mi disse che era vero e mi ha detto che ero molto buona, e che se fosse stato al mio posto avrebbe ucciso chi aveva abusato di suo figlio," ha raccontato nel 2004 la Flory a un giornalista investigativo del "Dallas Morning News", aggiungendo che il prete giustificò le sue azioni affermando che il bimbo, cresciuto senza la presenza del padre, "cercava affetto". Le violenze sul piccolo furono denunciate subito al vescovo della diocesi di competenza Ciudad Quesada, Angel San Casimiro Fernández, che a suo dire le chiese di insabbiare tutto, "da buona cristiana". Solo nel 1998, quando al ragazzino furono diagnosticati insonnia, depressione e pensieri suicidi, mamma Salazar prese il coraggio a due mani e con l'appoggio di una ong cattolica, la Casa Alianza, decise di depositare finalmente una denuncia alla magistratura costaricana.

Il giorno dopo l'incriminazione formale, però, grazie ad aiuti e soffiate don Enrique riuscì a scappare dal paese, recandosi prima in Nicaragua e da lì volando verso gli Stati Uniti, dove fu accolto dall'arcidiocesi di New York. Preceduto – si discolpano i preti – da una lettera di raccomandazione del vescovo San Casimiro Fernández. Nella Grande Mela il pedofilo soggiornerà per un anno, per poi trovare rifugio in un'altra chiesa. Quella di Hartford, la capitale del Connecticut: anche in questo caso i portavoce della Chiesa hanno sempre sostenuto di non essere a conoscenza delle pendenze penali di Vásquez. Dopo quasi un lustro di vicissitudini e falsi avvistamenti, di attese vane di una famiglia assetata di giustizia, nell'ottobre del 2002 il procuratore del Costarica riesce finalmente a individuare l'indirizzo della parrocchia dove vive il sospettato, allertando subito le autorità statunitensi. È l'Fbi a interrogare don Enrique, alla presenza rassicurante del vescovo ausiliare della arcidiocesi di Hartford.

Mancando un mandato di cattura internazionale (che incredibilmente i magistrati costaricani non avevano mai spiccato), Vásquez non può però essere trattenuto: il giorno dopo il colloquio con i federali fa nuovamente perdere le sue tracce. Destinazione Messico. Lo aspettano a braccia aperte altri prelati, i direttori di una casa di cura del clero vicino alla metropoli di Guadalajara. È lì che il fuggiasco, forse malato, decide di rifugiarsi.

Nelle gerarchie ecclesiastiche di mezzo Centro America erano in molti a conoscere gli spostamenti del presule, che spesso ha contattato colleghi in tonaca per chiedere consiglio o per ricevere soldi per sopravvivere e spostarsi per il continente. Le informazioni sul fuggiasco, però, non saranno mai condivise con gli inquirenti. Solo un anno dopo l'arrivo in Messico, nel 2003, il vescovo San Casimiro Fernández diede alla polizia la dritta che aspettava da tempo, spiegando che don Vásquez viveva in una clinica dei preti a Guadalajara. Come mai San Casimiro Fernández, interrogato ripetutamente dal 1999 al 2003, aveva sempre negato di sapere dove fosse il suo sacerdote, nonostante fosse stato proprio lui a inviargli due volte denaro per le cure? "Il mio silenzio non fu dovuto alla volontà di aiutarlo a sfuggire alla giustizia. Decisi di dargli il tempo necessario per affrontarla con un po' di dignità. Una volta completato il trattamento ha detto che sarebbe tornato in Costarica per prendersi le sue responsabilità, ma non lo ha fatto. Da allora non abbiamo avuto alcun contatto. Non l'ho mai raccomandato per farlo lavorare nelle parrocchie all'estero," chiarì alla stampa costaricana.

Non sappiamo se il vescovo avvertì il pedofilo che ormai la sua tana messicana era bruciata o se la soffiata arrivò da qualche altra persona. È certo che don Enrique capì che il rifugio non era più sicuro e che il mandato d'arresto contro di lui era stato firmato. Ottenuta l'informazione, ripartì. Meta, stavolta, l'Honduras. Il regno del cardinale Maradiaga.

Il "Dallas Morning News" ha ricostruito come il presule latitante per alcuni mesi trovò riparo come sacerdote a Guinope, in una piccola chiesa controllata dall'arcidiocesi di Tegucigalpa, nel dipartimento chiamato "El Paraíso". Don Enrique rimase lì fino al marzo del 2004, quando – dopo aver accompagnato all'aeroporto un gruppo di suore – scomparve nuovamente dai radar. "Ho parlato con i parrocchiani dopo la sua partenza, e lo hanno riconosciuto da una foto: speravano che il loro prete preferito tornasse presto. Mi hanno raccontato che aveva appena istruito un gruppo di giovani chierichetti, che aveva lavorato nella chiesa coloniale spagnola della piazza del villaggio, e che di fatto aveva riorganizzato la parrocchia," spiega il reporter investigativo Brooks Egerton. Invece padre

Lopez, il cancelliere dell'arcidiocesi e vicinissimo al cardinal Maradiaga, minimizzò a Egerton il ruolo del latitante, spiegando che la gente di campagna "non capisce bene i titoli delle gerarchie", e che don Enrique non fu mai davvero il sacerdote di Güinope, e che non vi lavorò in modo permanente. Chi e perché lo aiutò a dileguarsi resta un mistero. "Secondo un agente dell'Interpol che intervistai, i funzionari della diocesi si erano resi conto di avere un problema, e si liberarono di lui," dice Egerton.

Possibile che Maradiaga, che della arcidiocesi era (ed è) responsabile massimo, fosse all'oscuro che in una delle sue chiese si nascondesse un pregiudicato inseguito da anni dall'Interpol? Il suo vicario del tempo, Ovidio Rodríguez, in una intervista al quotidiano di San José "La Nación" spiegò che il pedofilo era stato accolto dopo una lettera di raccomandazione delle autorità ecclesiastiche del Costarica. Egerton – che ha di fatto accusato il presule di aver coperto per mesi un molestatore pregiudicato – conferma a chi vi scrive che Maradiaga al tempo si rifiutò di rispondere alle sue domande, e che a oggi non ha mai smentito nulla di quanto ricostruito dal "Dallas Morning News". Di certo il cardinale che suona il sax e ha insegnato composizione e musica sacra nelle scuole dei salesiani, famoso per le sue posizioni teologiche ortodosse e per essere un uomo senza peli sulla lingua, durante una conferenza pubblica il 16 maggio del 2002 spiegò alla platea che lui, anche di fronte a un sacerdote accusato di pedofilia, sarebbe stato "pronto ad andare in prigione piuttosto che danneggiare" uno dei suoi preti. "Per me sarebbe una tragedia ridurre il ruolo di pastore a quello di poliziotto. Non dobbiamo dimenticare che siamo pastori, e non agenti dell'Fbi o della Cia." Parole che furono fedelmente riportate dal decano dei vaticanisti americani John Allen su un vecchio numero del bisettimanale "National Catholic Reporter". Frasi che sembrano coincidere a perfezione con la politica omertosa messa in piedi nell'arcidiocesi honduregna solo un anno dopo.

Alla fine di quella stessa conferenza, Maradiaga decise poi di rilasciare una lunga intervista al mensile "30 Giorni", diretto allora dall'ex presidente del Consiglio democristiano Giulio Andreotti. Dove, commentando le inchieste del team Spotlight del "Boston Globe" sugli orrori nell'arcidiocesi della capitale del Massachusetts e sulle coperture garantite dal cardinale Bernard Francis Law, si espresse con parole durissime, inveendo contro la "persecuzione" subita dalla Chiesa e tacciando la stampa americana di essere pregiudizialmente nemica di Santa Romana Chiesa, e troppo vicina alle posizioni di Israele. "La pedofilia negli Stati Uniti è un argomento doloroso, ma strumentalizzato dai mass media. Noi tutti sappiamo che Ted Turner è apertamente anticattolico, ed è lui il padrone non soltanto della Cnn ma anche di Time Warner. Per non parlare degli altri quotidiani, come il 'New York Times', il 'Washington Post' e il 'Boston Globe', che si sono resi protagonisti di quella che non esito a definire una persecuzione contro la Chiesa. Mi fa molto pensare il fatto che in un momento in cui tutta l'attenzione dei mass media era focalizzata su quanto succedeva in Medio Oriente, con le tante ingiustizie subite dal popolo palestinese, stampa e tv americane si sono ossessivamente focalizzate su scandali sessuali accaduti quaranta anni fa, trenta anni fa. Perché? Penso anche per questi motivi: qual è la Chiesa che più volte ha ricevuto Arafat e più volte ha ribadito la necessità della creazione di uno Stato palestinese? Qual è la Chiesa che non accetta che Gerusalemme sia la capitale indivisibile dello Stato di Israele ma che deve essere la capitale delle tre grandi religioni monoteiste? Qual è la Chiesa che si oppone all'aborto, all'eutanasia, alla pena di morte? Qual è la Chiesa che non accetta progetti di famiglia non conformi al piano di Dio? È la Chiesa cattolica. È l'unica che, diciamo così, ostacola una politica disumanizzante. Solo così mi spiego questo accanimento contro la Chiesa cattolica negli Stati Uniti. Un accanimento che mi ricorda i tempi di Nerone, Diocleziano e, più recentemente, di Stalin e Hitler."

Nello sfogo Maradiaga ammette pure che, in caso di colpe riconosciute, si deve chiedere perdono, e che i preti che si macchiano di gravi comportamenti devono essere puniti con le "opportune censure canoniche e, se necessario, affrontando la giustizia civile". Ma, ribadisce, rinunciando a fare i poliziotti, e a mettere in piedi qualsiasi "caccia alle streghe, anche all'interno della Chiesa. Dobbiamo sempre chiederci come si comporterebbe Gesù in queste situazioni. La pedofilia è una malattia ed è giusto che chi ha questa malattia debba lasciare il sacerdozio. Ma le accuse devono essere sempre provate con un giusto processo. E senza modalità persecutorie da parte delle autorità civili".

Il cardinale difende a spada tratta persino il collega Law. Contro cui si sarebbe scatenata una gazzarra semplicemente "scandalosa. Lui è un uomo che ha fatto tanto bene a tutti noi in America Latina. Adesso soffriamo per lui e soffriamo per l'ingiustizia di quella che viene definita giustizia. Ho sentito che la giudice che sta conducendo il processo è quella che sostiene tutti i movimenti femministi. [...] Nonostante i processi negli Stati Uniti durino a lungo, il cardinale Law è stato subito interrogato con modalità che ricordano i tempi bui dei processi staliniani agli ecclesiastici dell'Europa orientale. Questa non è giustizia, ripeto, questa è persecuzione".

Al tempo dell'intervista era già accertato grazie a documenti interni dell'arcidiocesi che il cardinale così caro a Maradiaga avesse coperto decine di sacerdoti colpevoli di aver stuprato centinaia di bambini, un'opera di occultamento sistematica messa in piedi spostando i pedofili di parrocchia in parrocchia e comprando il silenzio di vittime e famiglie. "I preti pedofili sono persone malate o criminali, ma anche per loro è possibile una conversione," ribadì Maradiaga nel 2010. "Per questo alla via della scomunica preferisco quella della redenzione: dobbiamo tenere conto che l'allontanamento è una sanzione prevista, ma la Chiesa è amore, e quindi spesso si sceglie di dare la possibilità a queste persone senza dignità di redimersi. Casi in Sudamerica? Ci sono stati, ma la nostra è un'altra cultura. Non amiamo gli scandali e così, quando si verificano, si cerca di applicare immediatamente la legge canonica e le direttive della Congregazione per il clero."

A oggi di Ariel e di sua madre non si sa più nulla. Sappiamo invece che il vescovo Angel San Casimiro Fernández, nonostante le protezioni concesse, è stato nominato vescovo di Alajuela. E che il 13 aprile del 2013 Francesco ha promosso Óscar Maradiaga membro e coordinatore del gruppo dei nove cardinali chiamati a consigliarlo nel governo della Chiesa universale.

Cile Connection

Quelli di Maradiaga e Pell non sono gli unici casi. Ci sono altre tre eminenze assai chiacchierate che il papa ha promosso elevandole nell'empireo delle gerarchie: il vescovo cileno Juan Barros Madrid, nominato nel 2015 alla diocesi di Osorno, l'arcivescovo di Santiago del Cile Ricardo Ezzati, prima messo alla guida della Congregazione per l'educazione cattolica e nel febbraio 2014 nominato cardinale, e soprattutto il suo predecessore Francisco Javier Errázuriz, chiamato anche lui nel C9. Tutti e tre coprotagonisti del più grande scandalo nella storia del clero del Cile, e da più di un lustro attaccati duramente in patria da giornali, associazioni, fedeli e magistrati per aver coperto le gesta di padre Fernando Karadima. Un carismatico e influente sacerdote dei quartieri bene di Santiago, parroco per più di vent'anni della parrocchia del Sacro Cuore di El Bosque che – per stessa ammissione di Errázuriz – ha formato due o tre generazioni di prelati cileni.

Una sorta di santo vivente popolarissimo in tutto il paese, che dietro l'odore d'incenso nascondeva segreti oscuri: secondo quattro uomini padre Karadima è infatti un violentatore seriale, un criminale che ha distrutto le loro vite. Dopo anni di insabbiamenti e indagini sospese per volontà delle gerarchie ecclesiastiche, le accuse dei sopravvissuti sono state considerate credibili sia dal tribunale penale cileno, che ha dovuto però archiviare il caso perché i termini di prescrizione erano stati superati, sia dalla Congregazione per la dottrina della fede. Che nel febbraio del 2011 ha condannato il prete, che oggi ha ottantasei anni, a "una vita di preghiera e penitenza" nel convento di Santiago delle Serve di Gesù della Carità. Al sacerdote è stato vietato di esercitare il ministero pubblico. Nel 2014 un avvocato lo ha fotografato mentre celebrava messa alle suore che ospitano la sua clausura.

L'inchiesta del giudice istruttore Jessica Gonzalez è sintetizzata in un documento di ottantaquattro pagine dove vengono ricostruite, attraverso testimonianze di vittime, preti e dipendenti della diocesi, le fasi dell'inchiesta interna e del presunto tentativo, da parte dell'allora vescovo, di evitare lo scandalo allungando a dismisura i tempi dell'istruttoria. Ed evitando, ovviamente, la denuncia alle autorità civili.

La vicenda inizia a metà del 2003, giusto qualche mese dopo l'approvazione da parte della Conferenza episcopale cilena delle nuove e in teoria severe linee guida che le gerarchie del paese avrebbero dovuto seguire in caso di abuso sessuale da parte dei sacerdoti. È giugno: il gesuita Juan Diaz, ex vicario all'educazione di Errázuriz, racconta al giudice di aver consegnato nelle mani dell'allora vescovo la testimonianza sciocccante di uno dei ragazzi abusati negli anni ottanta, l'ex chierichetto José Murillo, che si era confidato con lui. Una lettera in cui Karadima appariva non come un santo, ma come un depravato. "Mi sembrò che il cardinale prendesse seriamente la lettera," spiegherà il gesuita davanti alla corte sette anni più tardi. Il cardinale rispose all'ex chierichetto un mese dopo attraverso una email, in cui spiegava di "pregare per lui", ma di non poter aprire un'investigazione preliminare: "Sfortunatamente, considero al momento queste accuse non credibili".

Una scelta discutibile: come hanno sottolineato anche esperti canonisti come il professore della Pontificia università gregoriana, padre Marcelo Gidi, Errázuriz avrebbe dovuto aprire subito un fascicolo. "Quella che deve essere giudicata come 'credibile' in questi casi è la buona fede dell'accusatore," ha commentato il reverendo al "New York Times", in un articolo che raccoglieva anche l'intervista di un altro testimone che spiegava come già nel 1984 un gruppo di parrocchiani avesse inviato una segnalazione sulle "condotte improprie" di padre Karadima al responsabile della curia cilena del tempo, il futuro cardinale Juan Francisco Fresno Larraín. Dopo mesi di silenzio, l'abusato Murillo tornò dal suo amico don Diaz, chiedendo che cosa avrebbe fatto il vescovo. "Tornai da Errázuriz per riparlargli della questione. Mi disse che la stava ancora valutando. Dissi a Murillo che non potevo fare di più, e che tutto era nelle mani del vescovo." Che, però, non si mosse per mesi.

La prima istruttoria cominciò solo un anno dopo: Karadima aveva infatti abusato per quindici anni anche di James Hamilton, oggi un noto gastroenterologo di Santiago, che fu molestato per la prima volta a diciassette anni, quando il parroco approfittò di un momento di fragilità psicologica del ragazzino dovuta alla morte del padre. Hamilton descrisse a sua moglie Verónica Miranda i soprusi subiti dal prete solo quando capì che il suo matrimonio stava andando in pezzi per le violenze mai superate: l'influenza di Karadima sulla vittima (Hamilton descrive incontri in cui il prete si masturbava tentando di baciarlo) durò per oltre un quindicennio. Fu Verónica a denunciare alla Chiesa il "santo vivente", "in modo da evitare che potesse fare del male ad altri ragazzini". Anche stavolta Errázuriz fu informato, anche stavolta non rispose alla vittima, né volle incontrarla. Le due testimonianze furono però raccolte dal promotore di giustizia della diocesi Eliseo Escudero, che alla fine del 2005 le considerò "credibili e coerenti" inoltrando una relazione al suo capo, atto che di fatto diede il via al vero e proprio procedimento amministrativo interno. All'inizio del 2006, però, Errázuriz – dopo aver parlato della faccenda con Andrés Arteaga Manieu, uno dei più stretti seguaci di Karadima e capo dell'Unione sacerdotale, che dubitò dell'affidabilità delle storie raccontate dalle presunte vittime – bloccò immediatamente le indagini appena partite.

Il cardinale ripeté più volte che riteneva le accuse deboli. Dunque, orribili menzogne. E tuttavia, nell'agosto del 2006, dopo aver "sospeso" l'inchiesta a carico di Karadima, decide comunque di allontanarlo dalla diocesi. Prima tentando di convincerlo a voce, poi – dopo le rimostranze del popolarissimo prete – con una lettera firmata, che pubblichiamo in originale. "Caro Fernando, la celebrazione per i suoi cinquant'anni di sacerdozio sarà un grande anniversario, nessuno potrà dire che non sia stato celebrato come si conviene... Rispetto alla nostra conversazione mi par di capire che la cosa che la affligge di più," scrive il cardinale, "è quella di smettere di essere parroco del Sacro Cuore. Su questo mi permetta, caro padre Fernando, che le dica una parola da fratello, amico, padre e pastore: accetti le decisioni del vescovo, faccia un salto nella fede. Se lei vuole essere santo, così hanno fatto i santi. Lei mi manifestò la preoccupazione che il cambio possa essere visto come un castigo. Non lo è, e tutti lo capiranno: se lo fosse non continuerebbe a lavorare nello stesso luogo, né vicino ai suoi più stretti collaboratori."

Il cardinale propone al pedofilo di annunciare ai fedeli di aver rinunciato lui stesso all'incarico, avendo ormai settantacinque anni e ventidue di onorato servizio all'interno della parrocchia, in modo da mettere a tacere qualsiasi malalingua. Se in molti considerano la lettera e il suo contenuto la prova che Errázuriz si è mosso per spegnere l'incendio prima che le fiamme divampassero, mettendo in cantina il prelato e proteggendo il buon nome suo e della gerarchia, nel settembre 2015 il cardinale cileno ha rifiutato questa lettura "forzata", ripetendo che parlare di insabbiamento è un errore madornale. Una posizione ufficiale condivisa dal Vaticano, che ha sempre difeso l'operato del cardinale vicino a Bergoglio senza alcuna esitazione: "Nel caso Karadima l'azione della Santa Sede è stata nel senso della verità, visto che mentre la giustizia civile ha proposto l'archiviazione, è stata proprio la Congregazione per la dottrina della fede a pronunciare un giudizio di condanna", ha detto padre Lombardi, dimenticandosi di evidenziare che il procuratore cileno non soltanto è stato costretto a chiudere le indagini solo per avvenuta prescrizione, ma che ha accolto l'intera ricostruzione delle vittime. Insabbiamenti compresi.

Di fatto, dopo la rinuncia "volontaria" Karadima non solo rimane nella parrocchia di El Bosque, ma vede incoronato come successore un suo fedelissimo. Tutto scorre tranquillo per tre anni, quando il prete e la gerarchia di Santiago si accorgono che la valanga che tentano di fermare da anni rischia di rimettersi in moto: Hamilton ha infatti chiesto l'annullamento ufficiale del suo matrimonio religioso, mettendo agli atti che la crisi era provocata dalle violenze di don Fernando il "santo", che abusando di lui sessualmente e psicologicamente era riuscito ad annullare la sua volontà e il suo discernimento. La decisione di sposarsi, infatti, era stata presa anche per le insistenze di Karadima.

A quel punto, denuncia Hamilton, le pressioni per fargli ritirare la causa si fanno opprimenti. Siamo a fine 2009, Errázuriz decide di riaprire l'inchiesta e nel giugno 2010 manda finalmente le carte a Roma. Leggendo le carte, la mossa appare come un tentativo tardivo per dimostrare che lui e la Chiesa non avevano coperto il pedofilo. Il caso diventa di dominio pubblico ad aprile 2010, quando tre vittime, Hamilton in testa, decidono di rompere gli indugi, superare la vergogna, il pudore e l'imbarazzo e denunciare l'aguzzino alle autorità civili e sui media sudamericani.

La notizia scatena un pandemonio, getta nel fango Karadima e nel panico Errázuriz che, ai fedeli di mezza Santiago che ne chiedevano le immediate dimissioni, invia una lettera aperta in cui chiede "perdono", precisando contemporaneamente che "al termine di una prima indagine ho lasciato in sospeso la causa perché in attesa di nuove informazioni, e per approfondire quelle già ottenute, oltre che per avviare nuove consultazioni con esperti di materia giuridica canonica [...] Bisogna però ricordare anche il lavoro fecondo e generoso di padre Karadima, che ha formato generazioni di cattolici, tra i quali i cinque vescovi cileni attuali [...] Il fatto che sia in corso un'inchiesta non significa che la persona sia considerata colpevole".

L'inchiesta penale della procura di Santiago si aprì nel 2010 e si richiuse per prescrizione in un battibaleno, nel 2011, senza nemmeno che i denuncianti fossero citati. Nonostante questo, la sentenza determinò che gli abusi di Karadima avvennero realmente. L'inchiesta indagò anche su alcune presunte mazzette, con cui esponenti della gerarchia cilena avrebbero tentato di comprare il silenzio di altri sopravvissuti. Fu accertato, per esempio, che a un ragazzo maggiorenne (presunta vittima di un altro sacerdote, don Diego Ossa, vicinissimo a Karadima) la Chiesa girò 10 milioni di pesos (oltre 10 mila euro), mentre altri 20 milioni finirono nel conto in banca di una cuoca della parrocchia. Denaro che, secondo gli avvocati delle vittime, fu bonificato in modo da comprare il silenzio di scomodi testimoni che avrebbero potuto peggiorare la posizione processuale di padre Fernando. I legali della curia, pur non avendo mai negato l'esistenza dei pagamenti, li hanno sempre giustificati come semplici "atti di beneficenza".

La storia per ora non ha visto un solo responsabile delle violenze pagare per quello che è accaduto dal 1980 al 1995. Nel 2013 si è aperta una causa civile contro l'arcidiocesi di Santiago, su cui pendono richieste di risarcimento pari a 450 milioni di pesos, e nel 2015 il cardinale è stato riascoltato dai giudici come teste, confermando a verbale la sua tesi difensiva: "A quel tempo padre Karadima godeva di una fama straordinaria, aveva la reputazione di un santo, ammetto che dunque non credetti alla denuncia", si legge negli atti. "Insabbiamento? Non vi è nella mia coscienza o nella mia memoria aver coperto abusi psicologici, ministeriali o sessuali; né è esistito un tentativo di mettere a tacere o silenziare le accuse. A quelle denunce non fu dato seguito perché non erano corroborate da prove. Vi era il prestigio di Karadima da un lato, e in secondo luogo è stato difficile ipotizzare che gli adulti fossero stati abusati per anni senza che nessuno lo denunciasse." E come mai allora chiese le sue dimissioni dalla parrocchia nel 2006 con una lettera? "Solo perché Karadima aveva più di settantacinque anni. Non si trattò di un licenziamento, perché non si può licenziare un pastore senza processo canonico. Nel dicembre 2005 lo pregai di presentare la sua rinuncia. Ma avanzò molte scuse. La lettera del giugno 2006 è una risposta alle obiezioni di padre Karadima."

In Italia nessun giornale si è mai occupato della vicenda. Anche quando Errázuriz è stato nominato da Bergoglio nel consiglio ristretto dei cardinali che devono aiutarlo nel governo della Chiesa universale. "Per me il cardinale Errázuriz invece di partecipare al conclave dovrebbe essere in galera," chiosò nel marzo 2013 il medico Hamilton. "Non ha fatto niente in favore delle vittime, persino i rapporti che ha consegnato alla Chiesa erano con nomi e avvenimenti censurati. Anzi, ci ha traumatizzati una seconda volta cercando di insabbiare le nostre accuse una volta per tutte."

Santiago, fiesta de San Antonio del año 2006

Monseñor
don Fernando Karadima Fariña
Parroquia del Sagrado Corazón
Providencia

Querido Padre Fernando,

Junto con enviarle un cordial saludo, le escribo estas líneas porque quedé preocupado después de nuestra última conversación. Usted estaba muy afligido por las consecuencias que podría tener el hecho de dejar próximamente la parroquia. Yo le proponía que usted mismo eligiera entre el día 15 de agosto y el 8 de septiembre. Con mucha confianza usted me dio varias razones que lo afligían.

Quisiera dejar en sus manos, también con mucha confianza, lo que he reflexionado ante el Señor acerca de los puntos de vista que usted me presentó. Seguramente usted va a coincidir conmigo, pensando que no es difícil darles una solución.

1. El menos problemático se refiere a la celebración de sus cincuenta años de sacerdocio. Faltando más de dos años para ello, ciertamente los preparativos en la parroquia no pasan de ser por ahora un deseo y una hermosa idea. Cuando se acerque la fecha lo van a celebrar con mucha oración y gratitud, ya que será el gran aniversario, las bodas de oro, de su sacerdocio. Nadie va a quedar decepcionado por no haberlo celebrado debidamente.

2. El gran número de sacerdotes que acuden a la parroquia, como también de jóvenes, sobre todo los miércoles, entre los cuales usted intuye que pueden haber 30 ó 40 posibles vocaciones al sacerdocio, es un gran motivo de alegría y no de aflicción. Sin lugar a dudas la atención a los jóvenes –la suya, la del P. ▇▇▇▇▇▇ y la de otros sacerdotes- seguirá con igual fe y entusiasmo, con espíritu de servicio y con gran fidelidad pastoral. Esta atención no va sufrir en nada. Si no me equivoco, el P. ▇▇▇▇▇▇ ayuda cada vez más en el discernimiento vocacional, apoyo que antes usted prestaba más solo.

3. Por lo que yo veo, lo que más lo aflige es dejar de ser el cura párroco del Sagrado Corazón. Sobre este particular, permítame, querido P. Fernando, que le diga una palabra de hermano, amigo, padre y pastor, como me lo pide la

La lettera del cardinale Errázuriz al pedofilo Karadima.

misión episcopal que Dios me ha confiado. Si bien es cierto que usted me manifiesta una y otra vez que usted cumplirá todo lo que le pida su Obispo, no es menos cierto que su corazón le tiene un noble apego a la misión de cura párroco, y se resiste a dejarla en manos del Señor, y a asimilar, de alguna manera, su situación a la de los demás párrocos en la Arquidiócesis que están en condiciones semejantes.

En esto, yo quiere alentarlo de corazón a dar un gran paso, un salto en la fe. Usted quiere ser santo, y así lo han hecho los santos. Le han agradecido a Dios todos los encargos recibidos y las seguridades que Él les otorgaba con sus amigos y sus trabajos, pero no han dudado en dejar en sus manos, con entera libertad, los cambios que su Obispo les pedía. De corazón lo animo a dar este salto en la fe, en la confianza, en la esperanza y en el amor. Usted comprobará cuánto crece su libertad interior y su abandono en las manos de Dios, como también su capacidad de orientar a otros sacerdotes diocesanos, cuando imite a la Virgen María que dejó Nazareth para ir donde su prima Isabel, que dejó Nazareth para dar a luz en Belén. Que dejó Israel para ir a Egipto, y que dejó la Tierra Prometida, cuando partió con Juan a otros lugares y llegar probablemente a Éfeso.

4. Usted me manifestó, querido P. Fernando, que lo afligía también la posibilidad de que el traspaso de la responsabilidad sobre la parroquia al P. ███████████ podudiera ser considerado como un castigo. No lo es; y todos comprobarán que no es un castigo. Si lo fuera, no seguiría trabajando en el mismo lugar como hasta ahora, ni junto a su más cercano colaborador.

Pero está en sus manos que nadie considere injustamente que esto es un castigo. Basta con que usted mismo tome la iniciativa y me pida que le confíe pronto la parroquia al P. ███████████. Entonces usted podrá decir a quien quiera escucharlo, más o menos lo siguiente: "En la diócesis se está introduciendo la costumbre de cambiar a los curas párrocos cada 10 ó 12 años. Yo llevo 22 años y ya cumplí mis 75 años de edad. Por eso le presenté mi renuncia al Sr. Arzobispo como lo pide el derecho canónico, y le pedí que nombrara pronto al P. ███████████, que ya está preparado para conducir la parroquia. El Sr. Arzobispo me felicitó por el paso que daba, y el P. Juan Esteban asume durante el mes de septiembre."

- - - - - - - - - - - - - -

Querido Padre Fernando, para que esta decisión redunde en bien de todos, es sumamente importante que Ud. de un gran testimonio de fe, de libertad interior, de abandono en las manos de Dios y de disponibilidad ante el Obispo. El ejemplo suyo hará escuela. Muy positiva, si lo ven alegre y en paz, y si usted mismo puede explicarles a los feligreses y a los sacerdotes cuyo camino vocacional ha acompañado, que se trata de un criterio general y nuevo en la diócesis, elaborado con la colaboración de los sacerdotes y de los Obispos Auxiliares, y que Dios siempre bendice a quienes aceptan con fe las decisiones de quien representa al Buen Pastor en la conducción de la diócesis, y la guía en su nombre.

Quisiera contarle una experiencia muy personal que puede serle útil. Yo quería mucho a mi comunidad, de la cual ya era su superior general por más de 16 años, y a todos sus estudiantes. En el año 1990, un 22 de diciembre el Santo Padre me nombró para un cargo en Roma, ciudad en la cual no había ningún padre de mi instituto. Tuve que partir de inmediato a la Santa Sede. El 29 de diciembre asumí el nuevo trabajo. El 6 de enero el Papa me ordenó obispo. Pues bien, la renuncia de dejar lo que más quería en la tierra estuvo colmada de bendiciones. En nada me arrepiento de haber aceptado lo que el Papa me pidió.

Concluyo estas líneas, encomendándolo de corazón al Señor. Que Él haga resplandecer su rostro sobre usted y lo bendiga con su paz. Es lo que le pido de corazón a la Sma. Virgen para este hijo que tanto la quiere, como también a San Alberto Hurtado, que presenta sus intenciones al Padre Nuestro que está en el cielo, y le pide que se haga su voluntad así en la tierra como en el cielo, por obra y gracia del Espíritu de Santidad.

Lo recuerda y bendice de corazón, su hermano y pastor

+ Francisco Javier Errázuriz Ossa
Cardenal Arzobispo de Santiago

Anche una terza vittima di don Karadima, Juan Carlos Cruz, ha attaccato il cardinale con parole di fuoco. "Francesco ha nominato Errázuriz nel C9? Sono molto deluso. I segnali che ci aveva dato il papa animavano la nostra speranza che le cose potessero cambiare, ma ora vediamo che è sempre la stessa cosa. Gesù scelse Giuda, e ora sta succedendo lo stesso," ha commentato qualche tempo fa. Solo nel settembre del 2015 Cruz ha scoperto che il neo membro del consiglio ristretto delle porpore aveva scambiato alcune email con il collega Ricardo Ezzati, parlando proprio di lui. Nel documento pubblicato da un sito cileno i due cardinali discettano con grande preoccupazione di future nomine vaticane: quella del gesuita don Felipe Berríos come futuro cappellano del palazzo della presidenza cilena ("fa dichiarazioni piene di superbia e contrarie al magistero della Chiesa, usa un tono da profeta parlando di corruzione e di incoerenza della Chiesa", scrive Ezzati), e quella di una delle vittime di Karadima, ossia proprio Cruz, che qualcuno a Roma ipotizzava come possibile membro della Pontificia commissione per la tutela dei minori. "La nomina di Cruz sarebbe un danno troppo grande per la Chiesa del Cile. Anche perché darebbe credito e avallerebbe un castello [di accuse] che il signor Cruz ha costruito astutamente. Spero che lei possa informare con chiarezza coloro che devono dar seguito a questa nomina," conclude l'arcivescovo. Errázuriz si dice d'accordo: "Coraggio, il serpente non prevarrà". Alla fine le due designazioni non arriveranno mai in porto.

Se qualcuno sostiene che papa Francesco non conoscesse con dovizia di particolari la vicenda del cardinale George Pell, all'esplosione di questo scandalo che ha segnato la storia recente della Chiesa cilena Bergoglio non viveva su Marte, ma era il potente arcivescovo di Buenos Aires. E, dunque, conosceva perfettamente le accuse di insabbiamento e il comportamento delle alte gerarchie. Nonostante tutto, ha deciso però di premiare sia Errázuriz che Ezzati, da lui considerati dunque estranei ai fatti. Ma non è tutto. Nel 2015 Bergoglio ha nominato vescovo di Osorno, città a novecento chilometri a sud di Santiago, un ex seminarista di Karadima, monsignor Juan Barros Madrid, che è stato a fianco del prete pedofilo per oltre venticinque anni, condividendo con lui il periodo buio della parrocchia maledetta del ricco quartiere di El Bosque. Secondo il racconto di alcune vittime Barros, che nel 2006 officiò i funerali dell'ex dittatore cileno e criminale Augusto Pinochet, era a conoscenza delle condotte peccaminose del suo superiore e le avrebbe coperte. Un sacerdote, durante il processo penale, ha testimoniato di aver ammonito Karadima per le sue azioni proprio in presenza del giovane Barros, all'inizio degli anni ottanta. Il neovescovo ha ovviamente negato ogni addebito, dichiarando di non aver avuto "alcuna conoscenza delle denunce" contro il suo mentore. Né durante il periodo passato al suo fianco, né quando era segretario del cardinale Fresno, il primo prelato a coprire Karadima. È certo però che Cruz giura come almeno in un'occasione Barros abbia addirittura assistito come testimone oculare agli abusi sessuali, ed è certo che per anni, dopo l'inizio dello scandalo, lo stesso abbia organizzato manifestazioni pubbliche per difendere il suo maestro, compresa una messa solenne a lui dedicata.

Alla notizia della designazione i fedeli della città di Osorno, associazioni religiose e parlamentari assortiti hanno chiesto al Vaticano di ripensarci, ritirando l'imbarazzante candidatura. Un gruppo di cinquantun deputati ha persino mandato una lettera al papa invitandolo a tornare sui suoi passi. Anche Álex Vigueras, superiore provinciale della Congregazione dei Sacri Cuori, ha scritto un articolo parlando di "una nomina che lascia perplessi" e chiedendo a Barros "di rinunciare all'incarico, visto che la scelta non risulta in sintonia con la tolleranza zero che la Chiesa sta cercando di promuovere" contro la pedofilia. Stessa posizione del sacerdote don Peter Kligger della diocesi di Osorno, che ha dichiarato che "Barros porta sulle spalle un carico morale che non gli permette di disporre dell'autorità necessaria al governo pastorale". Tutto inutile: Barros ha celebrato la sua prima messa da nuovo vescovo il 21 marzo 2015, in un clima da guerriglia fuori e dentro la cattedrale, con duecento manifestanti furibondi che hanno inscenato una protesta sventolando bandiere e palloncini neri e cartelli con scritte contro il monsignore. Il papa, nonostante parte della Pontifica commissione per la tutela dei minori avesse chiesto che "i vescovi nominati devono avere credibilità per quanto riguarda la questione della pedofilia", è andato dritto per la sua strada.

Di più. Nel maggio del 2015, durante un incontro in piazza San Pietro, a un corista cileno che lo affrontò spiegandogli che la Chiesa cilena stava "soffrendo" a causa della nomina del vescovo di Osorno, Bergoglio ha risposto (probabilmente senza immaginare di essere registrato dall'iPad di un turista argentino che assisteva alla scena) che le proteste erano state "montate" ad arte dagli "zurdos", cioè i politici "sinistrorsi" che hanno messo per iscritto il loro scontento per la scelta vaticana. "È una Chiesa che ha perso la libertà perché si è lasciata riempire la testa dai politici, giudicando un vescovo senza nessuna prova dopo venti anni di servizio," ha detto duro il papa. "Per cui, che pensino con la testa, non si lascino tirare per il naso da tutti quei sinistrorsi che sono quelli che hanno montato la cosa. Inoltre, l'unica accusa che c'è stata contro questo vescovo è stata screditata dalla corte giudiziaria. Per cui, per favore, eh... non perdano la serenità. Osorno soffre, certo, perché è stupida. Perché non apre il suo cuore a quello che Dio dice e si lascia trascinare dalle cretinate che dice tutta quella gente. Io sono il primo a giudicare e punire chi è accusato per cose del genere... Ma in questo caso manca la prova, anzi, al contrario... Glielo dico di cuore. Non si lascino tirare per il naso da questi che cercano solo di fare, confusione, che cercano di calunniare..."

Il video del papa, se ha fatto infuriare le vittime di padre Karadima, i parlamentari (di vari partiti, non solo del partito socialista) che hanno firmato la petizione contro la nomina, e persino alcuni autorevoli componenti della Pontificia commissione per la tutela dei minori (la sopravvissuta irlandese Marie Collins, violentata a tredici anni da un prete in un ospedale cattolico di Dublino, si è detta "scoraggiata e addolorata" per le parole di Francesco), ha catturato anche l'attenzione della Corte suprema del Cile, colpita dalla presunta "assoluzione di Barros" di cui aveva parlato il pontefice. Nessuno, infatti, sapeva che il vescovo fosse stato giudicato da una ignota "corte giudiziaria", dalla quale è stato considerato innocente. Così alti magistrati hanno subito avviato una rogatoria internazionale, richiedendo al Vaticano di inviare qualsiasi incartamento sulla posizione del presule, e di esibire le prove: a oggi, dalla Santa Sede non c'è stata alcuna risposta.

L'Onu, gli insabbiatori e i figli segreti

Che cardinali così alti in grado in Vaticano siano impelagati in storie come queste è una circostanza che merita attenzione. Perché non si tratta di casi singoli, per quanto eminenti. Visto da fuori, lo Stato Pontificio dimostra una carenza istituzionale a vari livelli quando si tratta di tutelare i diritti dei minori, nonostante le potenti dichiarazioni antipedofilia di papa Francesco. Come esemplificano perfettamente le conclusioni della Commissione Onu sui diritti dell'infanzia che, nel 2014, ha preso in esame la politica vaticana sul tema.

La Commissione, guidata da Kirsten Sandberg, una giurista norvegese docente all'Università di Oslo e specializzata nei diritti dei bambini, pur sottolineando le aperture del nuovo papa e qualche novità "istituzionale" come la nascita della Commissione antipedofilia, è stata assai poco misericordiosa con la Santa Sede. La lussuria, quando sconfina nel sopruso e nega i diritti dei più piccoli, è peccato mortale. Anche per i diciotto esperti dell'Onu. Che prima ricordano come sacerdoti e preti che "operano sotto l'autorità della Santa Sede" siano stati implicati "nell'abuso sessuale di decine di migliaia di bambini nel mondo", poi attaccano evidenziando che il Vaticano "non ha riconosciuto la gravità dei crimini commessi, né ha preso le misure necessarie per affrontare i casi di abuso sessuale e per proteggere i bambini, e ha adottato politiche e normative che hanno causato la continuazione degli abusi sessuali da parte dei chierici e l'impunità degli autori". L'Onu, nel rapporto di sedici pagine pubblicato nel 2014 che dà conto della revisione periodica sull'applicazione della Convenzione sui diritti dell'infanzia dei vari stati membri, tra cui il Vaticano, spiega pure che la pratica nefasta di spostare "ben noti abusatori sessuali di bambini" da una parrocchia all'altra o da un paese all'altro sia stata dimostrata da molte Commissioni d'inchiesta nazionali. Un'abitudine con cui "la Chiesa ha tentato di nascondere i crimini, e che ha permesso a molti sacerdoti di rimanere in contatto con i piccoli e continuare ad abusare di loro: risulta che dozzine di predatori sessuali siano ancora in contatto con bambini".

Il Vaticano non ha voluto consegnare alla Commissione i dati e le informazioni su tutti i casi di abuso, negando ai membri anche l'esito finale della procedura e dei processi portati avanti dalla Congregazione per la dottrina della fede. "Procedimenti segreti" che secondo l'Onu hanno permesso "alla stragrande maggioranza di abusatori e a quasi tutti coloro che hanno nascosto gli abusi sessuali di sfuggire ai procedimenti giudiziari degli Stati dove gli abusi sono stati commessi. Un codice del silenzio imposto a tutti i membri del clero sotto la minaccia della scomunica: alla Commissione sono stati riportati casi di suore e preti che sono stati ostracizzati, mobbizzati e spretati per non aver rispettato l'obbligo del silenzio, e all'opposto casi di preti che hanno ricevuto congratulazioni per essersi rifiutati di denunciare i pedofili, come è indicato nella lettera spedita dal cardinale Darío Castrillón Hoyos al vescovo Pierre Pican". Una missiva che fece scandalo e che, va ricordato, fu criticata anche dalla sala stampa vaticana: l'allora prefetto della Congregazione per il clero infatti applaudì "il coraggio" del vescovo francese di Bayeux et Lisieux (oggi in pensione), che preferì nel 2001 essere processato e condannato a tre mesi di prigione con la condizionale piuttosto che denunciare un suo sacerdote pedofilo. "Lei ha agito bene," scrisse Castrillón Hoyos, "mi rallegro di avere un confratello nell'episcopato che agli occhi della storia e di tutti gli altri vescovi del mondo avrà preferito la prigione piuttosto che denunciare un prete della sua diocesi [...] Questa congregazione, per incoraggiare i fratelli in una materia così delicata, trasmetterà questa missiva a tutti i fratelli vescovi!"

Il problema, ricordano gli esperti dell'Onu, è che a distanza di quindici anni dalla vicenda la denuncia alle forze dell'ordine dei vari paesi non è ancora diventata obbligatoria: le varie Conferenze episcopali sono soggette solo alle leggi nazionali. E nei paesi come l'Italia, dove l'obbligo di denuncia non esiste, è facile che l'omertà ancora oggi diventi l'opzione preferita di preti e vescovi. Ecco perché, nelle indicazioni finali, le Nazioni Unite chiedono il pugno di ferro non solo nei confronti di lussuriosi e maniaci, ma anche di coloro che li hanno protetti davanti alla giustizia. "Chiediamo con forza alla Santa Sede," spiega l'Onu, "che la Commissione antipedofilia creata nel dicembre 2013 indaghi con indipendenza su tutti i casi di abusi sessuali sui bambini e sul comportamento delle gerarchie cattoliche in merito a quei casi; che vengano rimossi immediatamente dal servizio tutti i pedofili e coloro che sono sospettati di abusi sessuali, e poi informate le autorità civili affinché indaghino e processino; chiediamo che il Vaticano garantisca uno scambio trasparente di documenti che possano così essere usati contro i pedofili e coloro che hanno nascosto i loro crimini mettendoli consapevolmente in contatto con i bambini; che siano abrogate inoltre le norme che obbligano al silenzio; stabilite procedure chiare in modo che la denuncia alle forze dell'ordine diventi obbligatoria in tutti i casi sospetti di abuso e sfruttamento dei minori." Di fatto, ha chiosato la presidente Sandberg, il governo di Santa Romana Chiesa ha violato la Convenzione sui diritti dell'infanzia.

Parole dure come pietre. E ammonimenti che evidenziano come, almeno fino a due anni fa, le Nazioni Unite considerassero le novità portate prima da Benedetto XVI e poi da papa Francesco alla stregua di un pannicello caldo, poggiato su una piaga ancora purulenta. Quando il rappresentante vaticano all'Onu Silvano Maria Tomasi e padre Lombardi hanno protestato imputando all'Onu di non aver riconosciuto gli sforzi fatti dal Vaticano negli ultimi anni e di aver stilato un rapporto "ideologico" ispirato "da organizzazioni non governative pregiudizialmente ostili alla Chiesa cattolica e con interessi sull'omosessualità" (i commissari nelle conclusioni hanno infatti criticato la Santa Sede in merito alle posizioni sui gay e sull'aborto, e molti ecclesiastici e giornalisti cattolici hanno considerato la scelta un'inaccettabile interferenza dottrinaria dell'organismo internazionale mossa da "forze multiformi che vogliono fare pagare alla Chiesa le sue posizioni in materia etica"), Sandberg ha replicato affermando che le raccomandazioni sono state elaborate "dopo aver esaminato obiettivamente tutte le informazioni pertinenti relative all'attuazione della Convenzione. Noi consideriamo positivamente la volontà di cambiare atteggiamenti e pratiche, e attendiamo l'adozione di misure tempestive e ferme per la concreta attuazione dei suoi impegni".

In pratica, passare dalle parole ai fatti. Un invito

ribadito a maggio del 2014 da un altro organismo dell'Organizzazione delle Nazioni Unite, il Comitato contro la tortura, che in un ulteriore rapporto di otto pagine ha lanciato un nuovo, forte richiamo alla gerarchia d'Oltretevere. Bocciando, di fatto, la politica petrina in materia di contrasto agli abusi sessuali: nelle raccomandazioni si chiede al Vaticano una maggiore collaborazione con le autorità civili, anche attraverso l'apertura degli archivi della Congregazione per la dottrina della fede; la sospensione immediata dei preti accusati; sanzioni per i superiori insabbiatori; la revisione dei Patti lateranensi, nella parte in cui sollevano il clero dall'obbligo di denuncia; risarcimenti adeguati per le vittime; persino la consegna al Comitato (che nel 2018 farà una nuova valutazione) di statistiche "sui casi di effettiva collaborazione" tra giudici civili e Vaticano. "La Chiesa ovviamente non è per noi responsabile per ogni singolo abuso di ogni prete cattolico, ma lo diventa ai sensi della Convenzione contro la tortura se non previene, non mette sotto inchiesta e non punisce chi si è macchiato del crimine, in qualsiasi parte del mondo egli abbia agito," ha commentato Claudio Grossman, giurista americano del Washington College of Law. Dal momento che ogni prelato cattolico deve, secondo il diritto canonico, obbedienza al papa, ratificando le Convenzioni sulla tortura e sui diritti dell'infanzia la Santa Sede si è in effetti impegnata ad attuarle non solo all'interno del minuscolo stato della Città del Vaticano, ma anche "sui singoli individui e istituzioni posti sotto la sua autorità".

Con lo stesso metro di giudizio, l'Onu ha denunciato anche una pratica assai poco indagata: quella dei figli segreti dei sacerdoti. "La Commissione sui diritti dell'infanzia esprime preoccupazione per i bambini nati da preti cattolici che, in molti casi, non sono informati dell'identità dei loro padri. La Commissione è inoltre preoccupata dal fatto che le madri possono ottenere un piano di pagamenti regolari dalla Chiesa fino all'indipendenza economica del figlio solo a condizione di firmare un patto di segretezza che vieta loro di dare informazioni sul padre del figlio e sul pagamento. La Commissione raccomanda dunque che la Santa Sede accerti il numero complessivo dei bambini nati da preti cattolici, scopra chi sono e prenda tutte le misure necessarie per assicurare che il diritto di questi bambini di conoscere i loro padri e riceverne le cure sia rispettato, com'è giusto che sia. La Commissione inoltre raccomanda che la Santa Sede garantisca che le diocesi non impongano più accordi segreti come condizione per assegnare alle madri supporto finanziario per i loro figli."

La guerra santa di Francesco

Papa Francesco, però, è stato anche il primo pontefice della storia a far arrestare dalla gendarmeria un alto esponente della curia romana, l'arcivescovo e nunzio polacco Józef Wesołowski, accusato di aver adescato bambini sulle spiagge tropicali della Repubblica Dominicana dove il presule cittadino vaticano (morto per complicazioni cardiache prima dell'inizio del processo) ha tenuto servizio diplomatico dal 2008 all'agosto 2013. Anni in cui Wesołowski, secondo due inchieste di una giornalista dominicana, Nuria Piera, non solo era solito ubriacarsi e fare le ore piccole nei peggiori bar di Santo Domingo, ma amava anche frequentare bordelli per giacere con minori. Piera dimostrò, grazie a testimonianze raccolte in un anno di lavoro, che il Vaticano richiamò a Roma Wesołowski destituendolo all'improvviso non perché il vescovo avesse perso la lunga guerra con l'arcinemico e cardinale portoricano Roberto Octavio González Nieves, come ipotizzarono a fine agosto 2013 giornali italiani e sudamericani, ma perché la Santa Sede era stata avvertita delle inchieste dei media e delle accuse gravissime che stavano per abbattersi sul suo nunzio, secondo testimoni abituato a farsi praticare sesso orale per pochi pesos. Richiamato a Roma, Wesołowski fu di fatto sottratto alla giustizia dominicana, ma all'inizio nessuno spiegò le cause della frettolosa partenza per l'Italia: l'arcivescovo dell'isola, il cardinale Nicolás de Jesús López Rodríguez, definì il nunzio un suo "grande amico e testimone della pace" e disse ai media di non sapere dove fosse finito il collega una volta lasciata la Repubblica.

Scoppiato lo scandalo grazie a Piera e al suo pool di giornalisti (che esponenti della Conferenza episcopale dominicana definirono "presunti comunicatori professionisti dell'intrigo"), anche la procura del Distretto nazionale dominicano decide di approfondire i fatti contestati e aprire ufficialmente un'indagine giudiziaria. I magistrati, inoltre, evidenziano il loro sconcerto per la fuga di Wesołowski, tanto che il 4 settembre 2013 scrivono un tweet sul profilo dell'istituzione in cui affermano che "i fatti attribuiti al nunzio apostolico recentemente deposto dovrebbero essere indagati e puniti nel paese, e non nella Santa Sede".

Il Vaticano non è dello stesso avviso: seppur il richiamo in patria del nunzio "non manifesta assolutamente l'intenzione di evitare la sua assunzione di responsabilità per quanto venga eventualmente accertato", si giustificò la sala stampa vaticana, Wesołowski essendo un diplomatico e un cittadino vaticano non può "per legge" essere estradato. Né nella Repubblica Dominicana né in Polonia dove, a inizio 2014, la procura di Varsavia, dopo aver ricevuto dai colleghi centroamericani la documentazione sulle gesta erotiche e criminali del presule, chiese ufficialmente (ma solo a livello consultivo) alla segreteria di Stato quali fossero le probabilità di ottenere un'estradizione. Risposta: meno di zero.

Solo dopo la diffusione delle notizie sulla presunta pedofilia dell'ex nunzio il Vaticano ha spiegato i motivi per i quali era stato sollevato dall'incarico, affermando che non c'era alcuna volontà di insabbiamento e che, in attesa di un processo penale presso il tribunale della Santa Sede, la Congregazione per la dottrina della fede aveva già aperto un fascicolo su di lui.

Nell'attesa della sentenza canonica (che lo condannerà allo stato laicale) e dell'inizio dell'iter giudiziario, il prete per mesi viene avvistato anche da alcuni vescovi mentre gironzola tranquillo per le strade dell'Urbe, godendo di una totale libertà di movimento. Fino al settembre 2014 quando – dopo la condanna in primo grado da parte del Sant'Uffizio e richieste formali da parte del Comitato dell'Onu contro la tortura, che sollecitava la Santa Sede a indagini "immediate e imparziali" sul nunzio – papa Francesco decide di far arrestare il monsignore, ex fedelissimo di Giovanni Paolo II. Accusato formalmente di abusi su una mezza dozzina di bambini e di possesso di materiale pedopornografico (sul suo computer la gendarmeria trovò foto e video hard di adolescenti), Wesołowski fu messo prima ai domiciliari, e poi rimesso in libertà (senza però poter uscire dalle mura leonine) per ragioni di salute appena due mesi dopo. Il processo non si è mai svolto: l'ex nunzio è morto di infarto il 27 agosto del 2015 mentre guardava la televisione.

L'arresto di Wesołowski è considerato uno dei simboli della linea dura di papa Francesco in tema di pedofilia. Insieme alla creazione, nel marzo 2014, di una Pontificia commissione per la tutela dei minori. Una sorta di unità antipedofilia guidata dal cardinale di Boston Sean Patrick O'Malley e composta anche da ex vittime di predatori in tonaca, come l'irlandese Collins e l'inglese Peter Saunders, uno dei più celebri sopravvissuti diventato attivista. Un organo, si scoprirà presto, che ha un potere esclusivamente consultivo, il cui compito è quello di proporre al papa le iniziative più opportune per la lotta alla pedofilia nel clero. Dopo oltre un anno di attesa e inutili battaglie da parte di chi voleva un organismo capace di fare davvero pulizia e non solo dettare linee guida per la prevenzione, nel

2015 viene approvato lo Statuto finale. Che affida alla Commissione un ruolo marginale. Finora i membri, in tutto diciotto tra cui dieci laici, dalla nascita dell'organismo si sono incontrati in assemblea plenaria solo tre volte. A parte proporre l'organizzazione di seminari e di workshop per sensibilizzare una cultura del rispetto per i più piccoli, e ipotizzare l'istituzione di una giornata universale di preghiera per le vittime di molestie, finora la Commissione ha inciso poco o nulla.

Soprattutto, non è riuscita a far approvare norme che obblighino i vescovi e i sacerdoti a denunciare i molestatori alle autorità civili. Un'inerzia che a inizio 2016 ha portato alle dimissioni di Saunders. Che prima ha chiesto, senza ottenerle, le immediate dimissioni del cardinale Pell (padre Lombardi ha affermato che "non è compito della Commissione discutere e approfondire singoli casi"), poi, dopo continue frizioni, è stato messo "in aspettativa, per riflettere come egli possa contribuire nel modo migliore al lavoro della Commissione". Se Collins, che in passato aveva minacciato di dimettersi, nel settembre del 2016 ha riconosciuto i buoni progressi fatti dalla Commissione, Saunders non è stato ancora reintegrato. "Mi hanno detto che sono troppo schietto," afferma. In effetti, la sua posizione è netta: "Durante il papato di Francesco la Chiesa cattolica non ha fatto nulla per eliminare gli abusi sui minori da parte del clero. Pensavo che il nostro lavoro sarebbe stato quello di prendere decisioni contro i singoli sacerdoti abusatori, e invece l'obiettivo è creare politiche e linee guida per stabilire quali sono le migliori pratiche per evitare gli abusi in futuro. Intanto ogni giorno ascoltiamo storie di molestie sessuali da parte di preti. È terribile". Vittima di alcuni suoi insegnanti gesuiti che lo violentarono da ragazzino, Saunders non solo afferma che la Commissione "non è indipendente ma troppo vicina al Vaticano", ma accusa altresì Francesco in persona di essere un uomo di marketing: "La Commissione è stata creata solo per una questione di pubbliche relazioni. Un lavoro perfetto per il miglior pr che la Chiesa potesse avere". E cioè Bergoglio. "Gli dissi che bisognava espellere tutti gli abusatori. In quel momento ebbi la sensazione che mi stava prendendo sul serio. Ma oggi so che non mi stava ascoltando." Al fondo della vicenda Saunders si nasconde il vulnus ancora irrisolto sul tipo di collaborazione tra Vaticano e giudici civili: a oggi, a causa delle resistenze delle gerarchie ecclesiastiche in mezzo pianeta, le norme non obbligano il vescovo a denunciare un reato sessuale di cui si è macchiato un sacerdote. La lettera circolare di Ratzinger del maggio del 2011, scritta per "aiutare le conferenze episcopali nel preparare le linee guida per il trattamento dei casi di abuso sessuale nei confronti di minori da parte dei chierici", al punto e) spiega che "l'abuso sessuale di minori non è solo un delitto canonico, ma anche un crimine perseguito dall'autorità civile. Sebbene i rapporti con le autorità civili differiscano nei vari paesi, tuttavia è importante cooperare con esse nell'ambito delle rispettive competenze. In particolare, va sempre dato seguito alle prescrizioni delle leggi civili per quanto riguarda il deferimento dei crimini alle autorità preposte, senza pregiudicare il foro interno sacramentale". In pratica, nessun obbligo di denuncia, esclusi i casi che avvengono nei paesi che lo impongono per legge: non per niente, come vedremo, la maggioranza degli episcopati mondiali non ha ancora, nelle varie linee guida, il dovere categorico di presentarsi davanti al magistrato.

Una delle proposte più importanti della Pontificia commissione che il papa e i cardinali del C9 hanno deciso di adottare è il cosiddetto reato di "abuso d'ufficio episcopale", e l'istituzione di un nuovo tribunale speciale (in pratica una nuova sezione giudiziaria all'interno della Congregazione per la dottrina della fede) che indaghi sui presunti vescovi insabbiatori. Un organismo annunciato in pompa magna nel giugno del 2015 che a oggi non è ancora nato: dopo un anno e mezzo, non è stato individuato nemmeno il nome del segretario che dovrebbe mediare tra il Sant'Uffizio e le denunce di omertà da spedire alle tre Congregazioni competenti, quella per i vescovi, per l'evangelizzazione dei popoli e per le Chiese orientali. Nonostante il papa avesse stabilito che le proposte della Commissione sarebbero state attuate entro cinque anni, il 4 giugno 2016 il motu proprio *Come una madre amorevole* dedicato ai vescovi negligenti esclude la nascita di nuovi tribunali. Ma contempla che sia il pontefice in persona, dopo l'istruttoria delle Congregazioni, a decidere se rimuovere chi ha protetto i pedofili e coloro che non hanno ascoltato o sottovalutato le richieste d'aiuto delle vittime. Una nuova norma che secondo il Vaticano serve a superare ogni ambiguità, ma che per molte vittime è del tutto superflua, dal momento che da sempre il papa ha potere assoluto per cacciare su due piedi i vescovi occultatori: non è un caso che Francesco abbia rimosso prima dell'emanazione delle nuove "regole" i vescovi Robert Finn di Kansas City (già condannato nel 2012 da una Corte federale americana per aver protetto un sacerdote specializzato in foto porno con i fedeli più piccoli) e il vescovo paraguaiano Rogelio Ricardo Livieres Plano (che aveva promosso dieci anni fa un pedofilo facendolo diventare il suo braccio destro). Insieme a loro, sono stati dimissionati da Francesco pochi alti prelati, tra cui il vescovo inglese Kieran Conry, che ha avuto relazioni sessuali con due parrocchiane tra cui una donna con due figli, il collega Martin Drenann, l'unico dei sei vescovi irlandesi insabbiatori citati nel 2009 dal rapporto governativo Murphy a essere ancora al suo posto, e l'arcivescovo brasiliano di Paraíba, Aldo di Cillo Pagotto, già sospeso in passato dal Vaticano con l'accusa di aver avuto una relazione gay con un diciottenne e di aver coperto casi di pedofilia nella sua diocesi, e nel 2015 coautore di un libello (titolo: *Opzione preferenziale per la famiglia. Cento domande e cento risposte intorno al Sinodo*) in cui si legge che "l'unione omosessuale è gravemente peccaminosa e non è assimilabile a quella matrimoniale, tantomeno può essere benedetta dalla Chiesa; anzi, bisogna opporsi ai recenti tentativi di legalizzarla sotto qualunque forma", e dove invita gli omosessuali a vivere la loro condizione "nella castità".

W l'omertà

Francesco è intervenuto in questi casi clamorosi, quando i vescovi erano schiacciati da accuse pubbliche già confermate da inchieste della magistratura o commissioni indipendenti volute da governi stranieri. In altre occasioni non ha mosso un dito. Lo dimostrano le storie dei tre cardinali del C9 accusati da vittime e associazioni di sopravvissuti e promossi nell'inner circle del pontefice. Ma sono molti i cardinali e vescovi chiacchierati a essere intoccabili.

Timothy Dolan, arcivescovo di New York e una delle più potenti porpore del mondo, considerato tra i papabili già all'ultimo conclave e grande elettore di Bergoglio, è da anni dipinto come un mastino implacabile specializzato nello stanare sacerdoti predatori, una caccia che negli Stati Uniti, grazie alle inchieste giornalistiche, alla fine dell'omertà sistemica e alle battagliere associazioni di sopravvissuti, ha assunto dimensioni gigantesche. Risulta però che Dolan abbia contemporaneamente tentato di proteggere i denari della Chiesa cattolica dalle richieste di risarcimento delle vittime.

Nel maggio 2016 il "Daily News" ha scoperto che come capo della Conferenza episcopale statunitense il cardinale ha sborsato dal 2007 al 2015 ben 2,1 milioni di dollari per pagare l'onorario di importanti società di lobbing (come la Wilson Elser della città di Albany, che la Chiesa ha pagato per anni circa 10 mila dollari al mese, o la Greenberg Traurig, che ne prende 6 mila) con l'obiettivo – non dichiarato – di bloccare o quantomeno modificare l'approvazione di una proposta di legge chiamata "Child Victims Act" dello Stato di New York, che prevede l'abolizione della prescrizione (oggi ragazzi e ragazze violentati da bambini, compiuti i ventitré anni, non possono più fare causa civile) e l'apertura di una "finestra" di dodici mesi per consentire alle vittime che in base alla normativa vigente non possono più citare in giudizio i pedofili di aprire un contenzioso legale. "La Chiesa cattolica fa lobby su varie questioni, dal suicidio assistito ai diritti dei contadini, dalle scelte scolastiche alla riforma della giustizia penale," getta acqua sul fuoco il portavoce dei vescovi americani Dennis Poust spiegando che i contratti con i lobbisti sono perfettamente legali.

Il cardinale a ottobre 2016 ha ribadito che la sua diocesi risarcirà le vittime senza se e senza ma attraverso la creazione di un fondo con il fine di rimborsare circa "centoquaranta casi di pedofilia avvenuti negli ultimi quarant'anni" (il programma è stato però subito definito da un gruppo di "survivors" "tardivo e insufficiente, è solo un'altra tattica del cardinale per evitare nuove rivelazioni", mentre un editoriale del "New York Times" ha detto che "quella di Dolan, più che misericordia, è una strategia per mettere al riparo i beni della diocesi in caso di approvazione della legge, il programma prevede troppi vincoli"). Ma in pochi credono che la cosa andrà a buon fine. Anche perché i precedenti non fanno ben sperare: nel luglio del 2013 la pubblicazione di alcuni documenti della sua vecchia arcidiocesi, quella di Milwaukee, evidenziarono che Dolan dal 2002 al 2009 rimosse sì alcuni preti pedofili (come il reverendo Lawrence Murphy, accusato di aver molestano quasi duecento adolescenti sordomuti di un istituto, e padre Sigfried Widera, reo di aver abusato di quarantadue bambine e morto suicida in Messico mentre era braccato dalla polizia) ma tentò nello stesso momento di mettere in sicurezza la ricchezza sterminata della sua diocesi. Chiedendo e ottenendo dal Vaticano di "spostare" 57 milioni di dollari dai conti correnti a un fondo fiduciario, che ancora oggi si occupa della cura dei cimiteri della zona. Un trust meno attaccabile dai creditori. Il giro di cassa servì al cardinale, come si legge in una lettera spedita da lui stesso nel 2007 all'allora prefetto per la Congregazione per il clero, monsignor Cláudio Hummes, "per meglio proteggere questi fondi da eventuali responsabilità o pretese legali".

Il documento è la prova della doppia strategia di Dolan, che da un lato ha pubblicamente condannato gli orchi e in privato ha tentato di proteggere la borsa. Non è tutto: dalle seimila pagine depositate nel luglio 2013 nell'ambito di una procedura giudiziaria per bancarotta fraudolenta della sua ex diocesi emergono anche alcuni pagamenti (in tutto sei, da circa 20 mila euro l'uno) che il cardinale ha effettuato a favore di alcuni preti in odore di stupro. Un bonus, secondo qualcuno, necessario a evitare che i sacerdoti si opponessero al loro "licenziamento". "Quelli sul trust sono attacchi vecchi, tesi a screditare la mia immagine," si giustifica Dolan senza smentire la sua missiva. "I soldi ai miei ex sacerdoti? La legge canonica prevede per un periodo un supporto di base come l'assistenza sanitaria, il vitto e l'alloggio."

Le carte di Milwaukee raccontano anche il diverso binario usato dal Vaticano. Se il cardinale Hummes, uno dei migliori amici di Bergoglio, approvò lo spostamento dei fondi chiesto da Dolan dando una risposta scritta in poco più di un mese, per iniziare un processo diocesano a un maniaco reo confesso come padre John Wagner, molestatore di ragazzini fin dai primi anni ottanta, l'arcivescovo dovette aspettare tre lunghi anni. A una prima dura lettera inviata nel 2004 al Sant'Uffizio, che spiegava che il prete pedofilo era un pericolo ambulante, un ubriaco molestatore di quindicenni da lustri nel mirino della polizia, l'allora segretario della Congregazione per la dottrina della fede Angelo Amato rispose cinque mesi dopo. Ordinando a Dolan di

ARCHDIOCESE OF MILWAUKEE
OFFICE OF THE ARCHBISHOP

June 4, 2007

His Eminence, Claudio Cardinal Hummes, O.F.M., Prefect
Congregation for the Clergy
Piazza Pio XII 3
00193 Rome, Italy

Your Eminence:

As Archbishop of the Archdiocese of Milwaukee, Wisconsin, U.S.A., I respectfully request permission to proceed with the alienation of property owned by this same Archdiocese. The alienation will involve the transfer of assets from the patrimony of the Archdiocese of Milwaukee to a separate juridic person, an autonomous pious foundation known as The Archdiocese of Milwaukee Catholic Cemetery Perpetual Care Trust.

The Trust was established by my decree on May 4, 2007 after a number of years of extensive study and consultation. Both the College of Consultors and the Finance Council gave their approval to the establishment of this Trust. Copies of the establishment decree and the statutes governing the Trust are enclosed. A separate civil trust will also be established in accord with the laws of the State of Wisconsin.

Having reviewed the financial condition of the Archdiocese of Milwaukee and studied the funds which are part of its patrimony, I am in a position to present for consideration the transfer of some restricted diocesan assets to this Trust. The specific fund to be transferred is that which covers the perpetual care needs of the Catholic cemeteries owned and operated by the Archdiocese of Milwaukee. The transfer of these assets to the Trust would bring with it the transfer of this same obligation and restriction. By transferring these assets to the Trust, I foresee an improved protection of these funds from any legal claim and liability. A careful analysis by experts has concluded that the funds currently held for perpetual care needs are sufficient for the long-term use by the Catholic cemeteries. The value of the fund to be transferred was $56,943,983.35 as of December 31, 2006.

Consent to this transfer of assets has been obtained from the Archdiocesan Finance Council and the Archdiocesan College of Consultors. Minutes attesting to their action are also enclosed.

3501 South Lake Drive, P.O. Box 070912, Milwaukee, WI 53207-0912
PHONE: (414) 769-3497 • WEB SITE: www.archmil.org

Ex. 73

ADOM112303

La lettera del cardinale Dolan al cardinale Hummes in cui si chiede l'autorizzazione per spostare in un trust i beni della diocesi in modo da metterli al riparo da azioni legali di risarcimento.

p. 2

His Eminence, Claudio Cardinal Hummes, O.F.M.
The Congregation for Clergy

The Congregation for Education granted a previous permission for an act of extraordinary administration in relation to St. Francis Seminary in 1988 (Protocol no. 747/88/4). Four permissions for alienation by the Archdiocese of Milwaukee have been granted by the Congregation for Clergy in recent years: St. Aemilian Home (Protocol no. 185669/III), Catholic Memorial High School (Protocol no. 190062/III), St. John School for the Deaf (Protocol no. 190072/III), St. Charles Boys' Home (Protocol Number 186280/III). An additional permission for alienation involving debt forgiveness for St. Francis Seminary was granted by the Congregation (Protocol no. 20010143). Most recently, a canon 1295 transaction involving Pius XI High School was granted by the Congregation in December 2003 (Prot. No. 20032461).

A copy of the most recent financial statement for the Archdiocese of Milwaukee is also enclosed.

Thank you for your consideration of this request. If there is additional information which you need, please do not hesitate to contact me.

With prayerful best wishes and sentiments of esteem, I remain,

Sincerely yours in Christ,

Most Reverend Timothy M. Dolan
Archbishop of Milwaukee

ADOM112304

aprire non un processo giudiziario, come invece il cardinale chiedeva a gran voce, ma un processo amministrativo penale "secondo l'articolo 1720 del codice di diritto canonico". Di fatto un procedimento extragiudiziale che prevede assoluto riserbo e segretezza in modo che, spiega la normativa vaticana, "non sia messa in pericolo la buona fama di alcuno". Da aprire comunque, aggiunge Amato, "solo nel caso padre Wagner rifiuti l'invito di chiedere lui stesso la dispensa dagli obblighi di sacerdozio". Una lettera molto simile a quella spedita diversi anni prima dal cardinal Tarcisio Bertone al predecessore di Dolan, il vescovo Rembert Weakland, che si lamentava del fatto che il mostro seriale Murphy fosse ancora sacerdote nonostante vent'anni di denunce e orrori su disabili. Anche in quel frangente i capi dell'ex Inquisizione, cioè il segretario Bertone e il prefetto Ratzinger, ordinarono un semplice procedimento pastorale, e solo in caso di mancato ravvedimento. In un riassunto di un verbale di un incontro avvenuto nel maggio del 1998 (e pubblicato nel 2010 dal "New York Times") fra tre vescovi di Milwaukee e i vertici dell'ex Sant'Uffizio, Bertone evidenzia che se da un lato non "vi sono elementi sufficienti per istituire un processo canonico", dall'altro l'eventualità di un processo di tal fatta presenterebbe "innanzitutto la difficoltà di provare un tale delitto e la difficoltà che hanno i sordomuti a fornire prove e testimonianze senza aggravare i fatti, tenuto conto sia dei limiti inerenti alla loro menomazione che della distanza dei fatti nel tempo". Uniche azioni concrete proposte da Bertone, dunque, l'allontanamento dall'istituto (ma nessun divieto di continuare a celebrare l'eucarestia in un'altra diocesi), "un ritiro spirituale e un salutare ammonimento per comprendere se realmente egli si sia pentito o meno". Laconico il commento, messo a verbale, di Weakland: "Sarà difficile far comprendere alla comunità dei sordomuti la lieve entità di questi provvedimenti". "Le accuse del vescovo Weakland? Menzogne," chiosò nel 2011 padre Thomas Brundage a Radio Vaticana: "Passa per un testimone credibile ma fu costretto a lasciare la guida dell'arcidiocesi di Milwaukee dopo il coinvolgimento in una storia omosessuale con un ex studente di teologia".

Per la cronaca, Dolan riuscì a spostare i 57 milioni in un amen, mentre il fascicolo sul prete Wagner fu sbloccato solo nel 2008, e la condanna definitiva allo stato laicale arrivò ben quattro anni dopo, nel 2012. Il cardinale americano è oggi tra i maggiori sostenitori di Francesco; Amato è stato promosso da Benedetto XVI e confermato da Francesco prefetto della Congregazione delle cause dei santi, una fabbrica di soldi dove le canonizzazioni arrivano a costare fino a 3-400 mila euro l'una. Bertone invece è diventato, grazie all'amicizia con Benedetto XVI, segretario di Stato vaticano. Francesco lo ha sostituito con Pietro Parolin alla fine del 2013, e gli ha concesso un buen retiro da 300 metri quadrati a palazzo San Carlo. Un appartamento ristrutturato, come ho raccontato in *Avarizia*, anche grazie a un obolo da mezzo milione di euro arrivato dalla Fondazione dell'ospedale pediatrico Bambin Gesù. Il promotore di giustizia ha aperto un processo penale per peculato, che però non vede Bertone tra gli imputati. L'intoccabile prelato ha spiegato di aver appreso solo a posteriori che qualcuno aveva pagato i lavori della casa, a sua totale insaputa.

Anche Francisco Javier Martinez Fernandez non può che ringraziare la misericordia del pontefice. Arcivescovo di Granada iscritto a Comunione e Liberazione, celebre per aver fatto pubblicare nel 2013 da una casa editrice controllata dalla sua diocesi il libro *Sposati e sii sottomessa* della giornalista ultracattolica Costanza Miriano, è riuscito a mantenere il comando della chiesa cittadina nonostante dieci suoi sacerdoti siano stati indagati a fine 2014, insieme a due laici, con l'accusa di fare parte di un clan capeggiato dal sacerdote Román Martínez. Una congrega dedita, secondo i racconti di un ragazzo, a orge di gruppo e violenze di ogni tipo. Un ex chierichetto, Daniel (il nome

RISERVATO

CONFIDENTIAL

**Riassunto dell'incontro dei Superiori CDF con
gli Ecc.mi Presuli interessati al caso del Rev. Lawrence C. MURPHY,
sacerdote accusato di sollecitazione in Confessione (Prot.N. 111/96)**

L'incontro si è svolto sabato 30 maggio 1998 nella sede della CDF. Per la CDF erano presenti: S.E. Mons. Tarcisio Bertone, Segretario, il quale ha presieduto la riunione, il R.P. Gianfranco Girotti, Sotto-Segretario, Don Antonio Manna dell'Ufficio Disciplinare, Don Michael Jackels (traduttore) e P. Antonio Ramos. Erano presenti gli Ecc.mi Presuli che avevano richiesto l'incontro: S.E. Mons. Rembert Weakland, Arcivescovo di Milwaukee (USA), il suo Ausiliare, S.E. Mons. Richard Sklba e S.E. Mons. Raphael Fliss, Vescovo di Superior (USA).

1. S.E. Mons. Weakland ha esposto brevemente i precedenti del caso, facendo rilevare quanto segue: 1) risultano molte le vittime di abusi da parte del Rev. Murphy, tutte non-udenti; 2) nel 1974 vi fu un intervento nei confronti del Rev. Murphy, ma niente venne registrato negli archivi dell'arcidiocesi (sembrò trattarsi di un processo civile, conclusosi senza che fosse imposta pena alcuna all'accusato e l'intervento consistette nell'inviare detto sacerdote in un'altra diocesi, i.e. Superior); 3) la comunità dei non-udenti al presente mantiene una grande indignazione a motivo di questo caso e rifiuta ogni soluzione pastorale; 4) a causa del lungo periodo di tempo trascorso da quando avvennero i fatti, non è più possibile avviare nello stato di Wisconsin un processo civile; 5) il Rev. Murphy **non ha nessun senso di rimorso e sembra non rendersi conto della gravità di quel che ha fatto.** Inoltre, 6) c'è il pericolo di grande scandalo qualora il caso venisse pubblicizzato dalla stampa. Secondo le testimonianze raccolte, i misfatti del Murphy avrebbero origine nella Confessione.

2. S.E. il Segretario CDF - nel sottolineare sia il lungo periodo di tempo ormai trascorso (più di 35 anni!) da quando ebbero luogo i fatti, che costituisce il vero problema anche canonico, e il fatto che non risultano notizie di altri delitti perpetrati o di scandali suscitati dal Murphy durante questi anni a Superior - sostiene che non vi sono elementi sufficienti per istruire un processo canonico. Tuttavia - rileva - è inaccettabile che egli possa recarsi a celebrare l'Eucaristia nella comunità dei non-udenti a Milwaukee; occorrerà perciò impedirglielo, facendo ricorso anche ad alcuni **rimedi penali**. Per motivi cautelari, gli si può intimare di celebrare l'Eucaristia soltanto nella diocesi di Superior, tanto più che vi è l'accordo sia del suo Ordinario, i.e. l'Arcivescovo di Milwaukee, che dell'Ordinario del luogo dove egli risiede. Tale provvedimento però dovrà essergli comunicato per scritto.

3. In merito all'eventualità di un processo canonico per il delitto di sollecitazione in Confessione, S.E. il Segretario attira l'attenzione su alcuni problemi che esso presenta: 1°) innanzitutto la difficoltà di provare un tale delitto, la cui interpretazione dovrà essere fatta "*in stricto sensu*"; 2°) la difficoltà che hanno i sordomuti a fornire prove e testimonianze senza aggravare i fatti, tenuto conto sia dei limiti inerenti alla loro menomazione che della distanza dei fatti nel tempo. Comunque - sottolinea - occorrerà far riflettere seriamente il Murphy sulla gravità del male da lui operato e sul fatto che dovrà dare prove di ravvedimento. 3) Accenna infine all'ampio diritto di difesa che esiste negli USA e alle difficoltà che sarebbero poste dagli avvocati in questo senso.

ARCH_MARSHALL -
01185

Il verbale in cui Bertone, all'epoca segretario della Congregazione per la dottrina della fede, sconsiglia l'apertura di un processo canonico a un maniaco.

4. S.E. Mons. Weakland s'impegna a cercare di ottenere dal Rev. Murphy - da lui paragonato a un bambino "difficile" - una dichiarazione di pentimento; tutti e tre gli psicologi che lo hanno esaminato, lo ritengono un pedofilo "tipico", il quale pertanto "*si crede vittima*". Al riguardo il Sotto-Segretario, P. Gianfranco Girotti, ribadisce che detto sacerdote dovrà dare segni chiari di pentimento, "*altrimenti si dovrà ricorrere ad un processo*". S.E. il Segretario propone di imporgli un periodo di ritiro spirituale insieme ad un salutare ammonimento per poter comprendere se realmente egli sia pentito o meno, altrimenti si esporrebbe al rischio che gli vengano imposte misure più rigorose, *non esclusa la dimissione dallo stato clericale*. Consiglia poi di affidarlo a un sacerdote come suo direttore spirituale, con incontri periodici di uno o due mesi.

5. S. E. il Segretario infine riassume i due punti centrali della linea da seguire nei confronti del sacerdote in parola: 1°) la restrizione territoriale della celebrazione eucaristica e 2°) l'ammonimento per indurlo a mostrarsi pentito.

Prima della conclusione dell'incontro, S.E. Mons. Weakland tiene a riaffermare che sarà difficile far comprendere alla comunità dei sordomuti la lieve entità di questi provvedimenti.

30 maggio 1998

è di invenzione per motivi di privacy), che oggi ha venticinque anni ed è membro attivo dell'Opus Dei, ha raccontato prima al papa e poi ai magistrati della sua città cosa accadeva tra il 2004 e il 2007 nella elegante casa parrocchiale di Los Pinillos, governata da padre Román. "Io sono tuo padre, devi lasciarti andare alla tua sessualità, lo facciamo per rompere il legame padre-figlio" era, secondo la ricostruzione del ragazzo al pm Antonio Moreno, il mantra per giustificare le attenzioni sessuali. Non solo del leader del clan, ma anche di altri prelati: Daniel ha detto di essere stato masturbato da altre due persone, di aver "assistito a scene di sesso anale e orale tra i vari sacerdoti", di aver visto film porno e partecipato a orge in piscina. Anche altri tre ragazzini coinvolti hanno descritto al giudice i comportamenti estremi dei preti. Che motivavano baci e carezze con il fatto di "essere un'unica famiglia". A febbraio 2015 la procura di Granada ha subito archiviato quasi tutte le posizioni per prescrizione dei reati: alla sbarra è rimasto solo il capo della cricca, Román Martínez.

In Italia la vicenda è stata raccontata come nuova prova della tolleranza zero del papa in tema di abusi. Francesco – dopo aver ricevuto la lettera di Daniel – lo ha infatti chiamato al telefono per sostenerlo nella sua battaglia, consigliandogli immediatamente di denunciare i preti al vescovo di Granada. Daniel, però, il mattino del 14 ottobre 2014, accompagnato da alcuni familiari, non imbocca la strada che porta alla cattedrale, ma preferisce bussare alla porta del procuratore capo del tribunale andaluso Jesús García Calderón. Dell'arcivescovato di Granada, infatti, Daniel e suo padre non si fidano affatto. Quello che accadrà nei mesi successivi li rafforzerà nel loro convincimento: nonostante la richiesta di perdono e la promessa di collaborare con le autorità giudiziarie, l'arcivescovo Martínez fa in realtà poco o nulla per aiutare le indagini penali.

Nel giugno 2015, a sei mesi dalla denuncia, mentre

i media spagnoli attaccano l'inerzia della Chiesa, l'arcivescovo va al contrattacco, ribadendo che lui "aveva collaborato con la giustizia fin dal primo momento, convincendo la vittima a denunciare il caso in tribunale". Il padre di Daniel prende allora carta e penna, e in una lettera aperta ai media spagnoli dà una versione completamente diversa. Le sue parole trasudano sofferenza e indignazione. Non solo rivela come sia "assolutamente falso che il signor arcivescovo abbia incoraggiato il denunciante a presentare denuncia ai tribunali civili, l'arcivescovo ha infatti ricevuto notizia della denuncia alcuni giorni dopo il deposito della denuncia, avvenuto il 17 ottobre", ma ricorda che don Martínez, come risposta a una lettera di Daniel che lo pregava di aiutare le indagini penali, rispose letteralmente: "Caro figlio, stai tranquillo. Ora la questione non è più né nelle tue mani né nelle mie, ma in quelle della Vergine Maria. Ella è una madre, e conosce il dolore e ciò che significa essere vittima fino alla sua morte".

Il papà di Daniel aggiunge "come sia estremamente doloroso il fatto che, almeno fino a qualche giorno fa, sette dei dieci sacerdoti che furono indagati per gli abusi continuino a esercitare il sacerdozio a contatto con minori e innocenti nelle loro parrocchie, senza che l'arcivescovado di Granada abbia fatto nulla contro questi soggetti che hanno distrutto l'infanzia di bimbi innocenti [...] Parlare di tolleranza zero della Chiesa contro la pedofilia e 'decorare' il tutto parlando di una falsa collaborazione con la giustizia, mentre il signor giudice ha chiesto informazioni all'arcivescovado sette mesi fa e lui ha fornito varie scuse in quattro occasioni, è molto imbarazzante e umiliante per le vittime di abusi sessuali commessi da sacerdoti incardinati nella diocesi di cui l'arcivescovo è responsabile". In effetti per troppo tempo il capo della chiesa cittadina aveva evitato di rispondere al magistrato titolare dell'inchiesta, che alla fine è stato costretto – per ottenere i documenti dell'indagine ecclesiastica interna – a mandare al vescovo un ordine perentorio del tribunale, un atto di otto, durissime pagine in cui il giudice Moreno avvertiva il vescovo dei possibili reati di cui poteva essere accusato in caso di ulteriore diniego: falso, mancata assistenza alla legge e disobbedienza.

Mentre scriviamo il processo è in corso, e il vescovo è ancora al suo posto. I giudici gli hanno ordinato di depositare in tribunale 50 mila euro, perché ritengono la Chiesa di Granada responsabile in solido dello scandalo: nel caso il presunto capo del clan Romanones venisse condannato e risultasse nullatenente, Daniel verrebbe risarcito a partire da quella somma irrisoria.

Gli intoccabili

Il Vaticano non ama fare la caccia alle streghe. E continua a essere molto accorto nel condannare i preti accusati di aver coperto reati sessuali. Se il vescovo di Granada sembra un altro intoccabile, se il cardinale Mahony (avrebbe coperto quando era titolare della sede di Los Angeles ben 129 abusi su bambini) è stato visto applaudire Francesco in prima fila durante le sante omelie, a nulla sono servite nemmeno le intemerate del cardinale ratzingeriano e arcivescovo di Vienna Christoph Schönborn contro l'ex potentissimo segretario di Stato di Wojtyla Angelo Sodano: nel 2010, quando la Chiesa austriaca fu devastata da decine di vicende di violenze riemerse dal passato, Schönborn (oggi promosso da Bergoglio nel collegio cardinalizio dello Ior) accusò l'attuale decano del collegio cardinalizio di essersi opposto all'apertura di un'indagine vaticana sull'allora titolare della diocesi viennese, il cardinale Hans Hermann Groër. Una porpora che si rese protagonista di misfatti a catena (secondo un'inchiesta giornalistica furono circa duemila i bimbi e ragazzi adescati dal presule) che lo costrinsero sì alle dimissioni dal ruolo di vescovo, ma non gli impedirono di ottenere nuovi incarichi importanti alla Santa Sede. Sodano, secondo il collega, fu un insabbiatore, offese le vittime quando definì le accuse "un chiacchiericcio", e capitanò quella parte della curia che si oppose alle indagini "volute invece da Ratzinger". Lo stesso Benedetto XVI, però, tre mesi dopo l'incredibile regolamento di conti (che a livelli gerarchici così alti ha avuto pochissimi precedenti nella storia recente del Vaticano), ha costretto il suo allievo Schönborn a chiedere venia e perdono pubblico. "Si ricorda che nella Chiesa, quando si tratta di accuse contro un cardinale, la competenza spetta unicamente al papa," spiegò la Santa Sede in un comunicato che da allora ha silenziato qualsiasi polemica (almeno in pubblico) tra alti prelati. Sodano vive oggi in una casa di centinaia di metri quadrati del grande Collegio etiopico, di cui occupa mezzo piano: per rifare l'appartamento ci sono voluti otto mesi di lavori.

Anche il nunzio apostolico in Israele, l'arcivescovo Giuseppe Lazzarotto, è rimasto incollato alla sua prestigiosa poltrona in Terra Santa: rappresentante diplomatico della Santa Sede in Irlanda dal 2000 al 2007, i giornali israeliani nel 2012 ne contestarono l'arrivo a Gerusalemme ricordando come Lazzarotto fu accusato dal governo di Dublino d'aver fatto tutto ciò che era in suo potere per proteggere i preti pedofili e la reputazione della Chiesa, priorità assolute rispetto al benessere dei bambini e a quella di fare giustizia. Di certo a pagina 37 del rapporto Murphy i giudici irlandesi evidenziano il contributo del vescovo alla loro inchiesta: nel paragrafo che sintetizza la collaborazione con Roma, i commissari ricordano come "la Commissione ha scritto al nunzio del papa nel febbraio 2007 chiedendogli di spedire tutti i documenti rilevanti in suo possesso. Per la precisione richiedendo 'documenti che non erano stati prodotti e che non saranno prodotti dall'arcivescovo Martin'. La lettera chiedeva inoltre al nunzio papale di confermare se non avesse tale documentazione. Non arrivò mai alcuna risposta. La Commissione non ha il potere di costringere il nunzio o la Congregazione della dottrina per la fede a produrre documentazione". Lazzarotto in effetti non ha mai collaborato con le autorità irlandesi. Nonostante questo è stato promosso prima nunzio in Australia e poi in Israele, dove nel 2014 ha organizzato la visita di papa Francesco alla spianata delle moschee e al muro del pianto. Nel marzo del 2016 è stato il primo alto prelato a stringere la mano a Matteo Salvini. "Quello con monsignor Lazzarotto è stato il mio primo incontro ufficiale con le gerarchie cattoliche." A chi gli domandava se lo considerasse uno sdoganamento della Lega, Salvini ha spiegato: "Mi piace pensarlo. E dal mio punto di vista lo interpreto come un segnale, anche se la Lega Nord resta un partito non confessionale. Ci sono stati altri incontri in Italia, ma sempre in forma riservata. Sono molto soddisfatto". Non sappiamo se lo sia stato anche Bergoglio: un mese dopo l'incontro il leader del Carroccio, commentando la scelta del papa di dare asilo a dodici migranti siriani ospitati nelle tendopoli di Lesbo, scrisse su Facebook: "Ricordo che i poveri sono anche a due passi dal Vaticano. Ci sono i poveri in Grecia ma anche a due minuti dal Vaticano. Forse fa meno chic perché non li vai a prendere con l'aereo; ma sono anche qui".

Altri due casi indicano come la tolleranza zero contro coloro che hanno protetto i mostri sia una formula giornalistica forse abusata. Sono quelli che hanno investito il potente cardinale francese Philippe Barbarin, arcivescovo di Lione e primate delle Gallie, e il collega belga Godfried Danneels. Entrambi vicinissimi al papa, e uomini di sua stretta fiducia.

"Il prete celebrava proprio là, abusava di decine di bambini. Mi ricordo l'odore del sudore, del contatto con i vestiti, mi ricordo delle sue mani addosso, sotto la mia camicia, che mi stringevano a lui," sussurra Bertrand Virieux. Era uno scout e aveva dieci anni, quando padre Bernard Preynat aveva deciso che sarebbe diventato uno dei suoi amanti. Ne aveva tanti, secondo le indagini in corso a Lione. Anche Pierre-Emmanuel Germain-Thill: "Quello che più mi sciocca è che cercava di baciarmi con la lingua. Mi accarezzava laggiù, non riuscivo a evitarlo. Avevo voglia di scappare ma allo stesso tempo ero bloccato. Avevo paura che nessuno mi avrebbe creduto". Stessi ricordi, e stesse giustificazioni per il silenzio trentennale, di Didier Burdet. "Mi bloccava mettendo una gamba dietro di me e si strofinava contro il mio corpo, mi diceva: 'Dimmi che mi ami. Sei il mio bambino, è un segreto tra noi due e non bisogna dirlo'."

Un segreto rimasto celato nel cuore di tanti bimbi per decenni. Fino a quando uno degli scout, nel 2014, ha visto la foto del sacerdote circondato da ragazzi su una pagina di un quotidiano, strabuzzando gli occhi per la sorpresa: pensava che l'orco fosse morto da un pezzo. Invece Preynat teneva ancora messa, ed era sempre a contatto con bimbi e adolescenti. "Solo a quel punto siamo riusciti a liberare le parole e rivelare i fatti," ha detto un altro sopravvissuto che ha dato il via all'inchiesta denunciando il prete, "in modo da non lasciare campo libero a chi minimizza quanto accaduto. I miei genitori hanno scritto una raccomandata nel 1991 all'arcidiocesi di Lione. Non è servito a nulla." Già: la sospensione del presule (che ha sempre confessato, quando interrogato dai suoi superiori, i suoi peccati) era durata nemmeno sei mesi, poi Preynat aveva ripreso servizio in altre parrocchie della regione. "Io ce l'ho con il sistema della Chiesa," conclude Burdet, "con tutti quelli che sapevano. Tutti l'hanno lasciato fare. Il vicario di ieri, e quello di oggi."

Barbarin, appunto. Non un prelato qualunque. Ma un fedelissimo di Francesco, il cardinale più in vista della comunità transalpina. Carismatico e mediatico, è celebre per le posizioni intransigenti sui matrimoni gay e sulle unioni civili ("il parlamento deve occuparsi di trovare lavoro, di sicurezza, di salute, pace, non è mica il Padreterno!" ha urlato contro il progetto di legge per il "mariage pour tous" voluto dal governo a trazione socialista di François Hollande poi approvato nel 2013), e sulla famiglia tradizionale, l'unica che può proteggere "il benessere dei bambini". Che sarebbe messo in pericolo da riforme libertarie che rischiano di portare "a unioni formate da tre o quattro persone, e alla fine del divieto d'incesto".

Se Barbarin ha perso la sua battaglia contro il "matrimonio per tutti", la vicenda di Preynat ha demolito la sua reputazione. A marzo del 2016 la procura della sua città ha aperto un'indagine "preliminare" su lui e la sua diocesi. Ipotesi di reato: "mancata denuncia di un crimine e messa in pericolo della vita altrui". Barbarin è accusato dalle vittime di aver girato la testa dall'altra parte quando, nel 2007, venne a sapere del comportamento tenuto in passato dal suo sacerdote. Il maniaco in effetti rimase per altri sette anni al suo posto, prima di essere frettolosamente trasferito dopo una nuova denuncia e il rischio di un'inchiesta penale.

Scoppiato lo scandalo a inizio 2016, Barbarin a sorpresa ammette, in un'intervista al quotidiano cattolico "La Croix", che conosceva bene il passato del pedofilo. Da anni. E che nulla aveva fatto per allontanarlo dai bambini e dal sacerdozio. "Una persona che è cresciuta a Sainte-Foy-lès-Lyon [il paese dove gli scout incontravano il loro carnefice] mi ha parlato di cosa faceva padre Preynat prima del 1991. Era il 2007-2008. Allora presi un appuntamento con lui per chiedergli se, dopo il 1991, fosse successa anche la minima cosa in questo senso. Lui mi ha assicurato: 'Assolutamente niente, sono stato completamente scottato da quanto successo'... Io gli ho creduto. Non negava, al contrario ha ammesso tutto e subito nel 1991... Ho consultato uno specialista, che mi ha spiegato che gli autori di questi fatti restano nella negazione. In seguito ho verificato che non avevamo ricevuto né reclami né sospetti". Come mai il cardinale non ha immediatamente inviato un procedimento canonico o denunciato il presule alla giustizia? Barbarin risponde senza indugio: "Quando sono arrivato a Lione [nel 2002] non sapevo nulla. Quando ho scoperto i fatti, non c'erano lamentele. I fatti erano prescritti da un punto di vista canonico. Il cardinale Decourtray, vescovo a Lione dal 1981 al 1994, aveva ridato a padre Preynat la sua fiducia e il ministero dopo averlo sospeso per sei mesi. Dopo non è successo niente: il cardinale Billé [successore di Decourtray], che lo ha spostato di parrocchia nel 1999, in assenza di nuovi reclami lo ha nominato a Cours-la-Ville. Non ho messo in discussione questa scelta, consultando diverse persone prima di designarlo sacerdote nel 2011. È nel 2014 che ho ricevuto per la prima volta una vittima [Alexandre Dussot gli raccontò dei raduni scout degli anni ottanta, che si concludevano in modo scabroso al primo piano della chiesa di Sainte-Foy] venuta a raccontarmi fatti oggi prescritti: ho scritto a Roma che mi ha consigliato di sospenderlo dalle sue funzioni, nonostante accadimenti avvenuti ventiquattro anni prima. È quello che ho fatto. Io posso dire che da vescovo ogni volta che mi è stato segnalato un abuso ho sospeso il prete e avvisato la giustizia, è successo nel 2007 e nel 2014. Con padre Preynat la situazione è molto diversa, perché erano fatti vecchi per i quali non c'era mai stata denuncia né indici di recidiva. La mia preoccupazione unica è sempre stata quella di garantire che nessun male fosse commesso".

Le spiegazioni di Barbarin sono del febbraio 2016, ma non placano affatto la rabbia delle vittime. Anzi. Confermano che, nonostante il cardinale sapesse delle molestie sessuali di Preynat dal 2007, nulla aveva fatto per punirlo. Al contrario, nel 2011 lo aveva promosso, nominandolo responsabile di sei parrocchie, tenendolo ancora a contatto con i bambini. Una follia: se il cardinale e la Chiesa ripetono di non aver avuto denunce su fatti recenti, è acclarato che i piccoli, prima di ammettere a loro stessi e al mondo le attenzioni sessuali di un adulto e avere il coraggio di raccontarle pubblicamente, a volte possono metterci decenni. Nonostante questo, Barbarin fa un atto di fede e di misericordia che sembra più un gioco d'azzardo sulla pelle di innocenti. Come spiega un comunicato della diocesi di Lione del marzo 2016, "convinto che il prete avesse rotto con il passato, è stato poi rinnovato nella missione che gli avevano dato i predecessori" del cardinale. "Rinnovo il mio sostegno alle vittime e alle loro famiglie, rivendico di aver agito con estrema responsabilità. Mai e poi mai ho coperto un qualsiasi atto di pedofilia. Quando, nel 1991, il prete fu spostato in un'altra parrocchia, io non ero arcivescovo. E all'epoca non bisogna dimenticare che c'era un'altra mentalità rispetto alla pedofilia." Mentalità che Barbarin sembra conservare fino a pochi anni fa, quando, a seguito degli scandali a catena all'interno della Chiesa, disse che sul tema "si sta giocando al pompiere piromane: bisognerebbe piuttosto agire contro l'ondata di pornografia che si vede ovunque".

Nel marzo 2016, invece, la procura di Lione decide di vedere chiaro nell'affaire Preynat, cercando di capire se il predatore avesse goduto davvero di coperture e protezioni. L'inchiesta preliminare viene aperta dopo la testimonianza giurata di un "alto funzionario del ministero degli Interni", scrive "Le Figaro", violentato da piccolo per tre anni da un altro prete della chiesa cittadina: è lui che denuncia Barbarin per "omessa denuncia" e "messa in pericolo della vita altrui". Sono giorni complicati per la porpora. Quando il premier Manuel Valls ne chiede indirettamente le dimissioni, specificando che "se il dibattito riguardasse il preside di una scuola saremmo stati implacabili. Un uomo di chiesa, un cardinale, il primate delle Gallie ha un'influenza morale e intellettuale, esercita una responsabilità sulla nostra società: deve capire il dolore delle vittime. Deve assumersi le sue responsabilità", il Vaticano decide di difenderlo – come già accaduto con Pell, Errázuriz e gli altri alti prelati – a spada tratta: "Un tribunale francese ha recentemente aperto un'indagine, è opportuno attendere i risultati.

Visto il suo senso di responsabilità, dobbiamo mostrare apprezzamento e rispetto per il cardinale Barbarin," dice la nota dell'ufficio stampa.

Il primo agosto 2016, dopo nuove rivelazioni imbarazzanti ("Le Parisien" scrive che nel 2013 la diocesi di Barbarin ha promosso anche un altro sacerdote condannato a diciotto mesi di carcere con la condizionale per alcune aggressioni sessuali a ragazze maggiorenni che vivevano nella casa studentesca di cui era responsabile) e interrogatori a catena del cardinale e del suo entourage, i giudici penali archiviano il caso. I magistrati hanno confermato come Barbarin fosse a conoscenza delle violenze di Preynat almeno dal 2007 e hanno ribadito che – nonostante le informazioni ricevute – lo avesse spostato in un convento di suore solo nel 2015 a seguito dell'apertura di un'inchiesta ufficiale, ma le accuse di sei ex scout per "omessa denuncia" non sono state formalizzate: l'eventuale reato sarebbe infatti prescritto, e un processo risulterebbe dunque inutile.

Per i reati non prescritti, quelli successivi al 2014, secondo il procuratore mancano indizi sufficienti a dimostrare che il cardinale abbia avuto "la volontà" o "perlomeno la coscienza di ostacolare il corso della giustizia". I giudici evidenziano che solo nel luglio di quell'anno, dopo una email e un incontro con la vittima Dussot, si ha la certezza che il prelato fosse "chiaramente" a conoscenza dei nuovi episodi, dei nomi e delle circostanze ascrivibili al pedofilo. Grazie alle carte della procura sappiamo che Barbarin, dopo l'incontro con il sopravvissuto che gli domandava come mai il maniaco fosse ancora in circolazione, ha chiesto ufficialmente al Vaticano in che modo agire. La Congregazione per la dottrina della fede gli risponderà a stretto giro, il 3 febbraio 2015, per mano del segretario Luis Francisco Ladaria: "Dopo aver studiato attentamente il caso del prete della vostra diocesi Bernard Preynat", si legge nella lettera, "raccomandiamo di prescrivere le misure disciplinari adeguate, evitando però uno scandalo. In tali circostanze non gli può essere affidato un altro ministero pastorale che comporti contatti con i minori".

Per "evitare lo scandalo" il divieto scatterà in gran segreto il primo settembre 2015. Otto anni dopo che Barbarin aveva saputo dal reo confesso le perversioni sessuali su una quarantina di ragazzini, decidendo di lasciarlo libero e di non denunciarlo né alla Congregazione, né alla polizia. Al porporato è andata benissimo. Anche perché Francesco non lo ha mai lasciato solo. "Non deve dimettersi ora, sarebbe un controsenso, un'imprudenza. Si vedrà dopo la fine del processo. Ora sarebbe dirsi colpevole," diceva il papa a maggio, dimenticandosi che lui stesso aveva in casi simili e assai meno delicati defenestrato il vescovo insabbiatore senza nemmeno l'esistenza di una controversia penale. "Credo che il cardinale Barbarin abbia preso bene le cose in mano. Lui è un coraggioso, un creativo, un missionario. Per le molestie sessuali? In ogni caso non ci può essere prescrizione. Con questo abuso un prete che ha la vocazione di condurre un bambino verso Dio, lo distrugge. Dissemina il male. Il risentimento. Il dolore. La tolleranza dev'essere zero." Mentre scriviamo Barbarin è ancora il più influente prelato francese. Il sacerdote pedofilo vive invece in un convento, in attesa che il processo sui suoi misfatti segni il suo destino. I sei ex scout continuano a chiedere giustizia.

Anche Godfried Danneels è nel cuore di Bergoglio. Arcivescovo emerito di Mechelen-Brussel, progressista convinto e un tempo considerato tra i cardinali papabili, è stato inserito sia nel 2014 che nel 2015 in cima alla lista dei padri sinodali, nella short-list indicata direttamente dal pontefice. Che lo ha preferito, non senza polemiche, al vescovo in carica della capitale belga, il conservatore André-Joseph Léonard. Sorprende, però, che il nuovo corso del Vaticano consideri l'ex primate della Chiesa belga un esempio sul quale puntare ancora: Danneels è infatti considerato da decine di sopravvissuti un insabbiatore seriale, che ha protetto sacerdoti e vescovi pedofili per non distruggere il loro buon nome e quello della gerarchia che capeggiava. Accuse pesanti partite già nel 1997, quando il quotidiano "Le Soir" affermò che da vescovo di Bruxelles aveva esercitato pressioni sulle autorità civili per tentare di contenere lo scandalo del parroco André Vanderlyn, allora arrestato per aver abusato di sette ragazzi, chiedendo al delegato generale dell'infanzia di muoversi "con grande prudenza" sul caso. Un processo che si concluse nel 1998 con la condanna a sei anni di carcere per il prete rapace, e con una multa da 500 mila franchi per Danneels e il suo braccio destro Paul Lanneau (criticato dai magistrati poiché, davanti alle denunce presentate, avrebbe "minimizzato il caso") in quanto "civilmente responsabili".

Ma il vescovo, tra i migliori amici di Francesco e secondo qualcuno vero e principale stratega dell'elezione di Bergoglio nell'ultimo conclave, è finito in prima pagina anche in tempi recenti. Prima per una incredibile perquisizione della polizia nell'arcivescovado (poi giudicata "illegale" dalla cassazione belga), in seguito a una denuncia fatta da un ex sacerdote fiammingo, Rik Devillé, che considera Danneels un mentitore professionista capace di nascondere e silenziare decine di casi di pedofilia avvenuti tra il 1980 e il 2009. Poi per le accuse lanciate da un gruppo di una ventina di sopravvissuti: tra loro la giovane Lieve Janssens, presidente dell'associazione fondata da don Devillé, ha raccontato che il 25 gennaio del 2000 il cardinale, dopo averli incontrati, le disse che "lei mi può portare ancora mille dossier se vuole, ma non potrò mai sapere se non nascono da menti e fantasie morbose, lei non ha nessuna prova, stasera non ho sentito niente che sia provato". L'amico di papa Francesco è stato infine indicato come colui che ha coperto il vescovo di Bruges, monsignor Roger Vangheluwe, un prete che nel 2010 confessò di aver violentato ripetutamente il nipotino di dieci anni, e che fu dunque spedito da

Benedetto XVI in un monastero dei Trappisti: la Congregazione per la dottrina della fede – senza spretarlo – lo ha condannato a un trattamento spirituale e psicologico. Un po' poco, forse: i reati sono prescritti, ma padre Roger ha confermato in un'intervista televisiva di aver abusato del bambino per circa tredici anni e di aver fatto sesso con un altro suo nipote, "per meno di un anno. Questo non ha a che fare con la sessualità. Mi sono occupato più volte di bambini e non ho mai sentito la minima attrazione, era un problema di intimità". Se un'inchiesta dell'"Herald Tribune" sostiene che il cardinale fu avvertito delle manie del vescovo già nel 1996, e lo stesso pedofilo ha invece negato che Danneels fosse al corrente di quanto accaduto, è un fatto dimostrabile che l'ex primate del Belgio abbia tentato di tappare la bocca a uno dei nipoti abusati. Quest'ultimo, diventato poi un artista affermato, registrò di nascosto due conversazioni con il cardinale. La prima è avvenuta l'8 aprile 2010, ed è stata pubblicata da due media belgi.

Nipote: "Quindi, io sono stato abusato sessualmente da mio zio Roger per tutta la mia giovinezza. Sessualmente, e adesso anche psicologicamente. Credo che io ora debba fare qualcosa, ho la responsabilità di segnalare quanto successo a un'autorità superiore. Ma questa è una vostra responsabilità. Io non posso prendere la decisione. Ho portato questo fardello sulle mie spalle abbastanza a lungo, e ora devi portarlo tu".

Danneels: "In realtà il vescovo Vangheluwe andrà in pensione il prossimo anno. Io penso che sia meglio attendere fino ad allora. Non penso faresti un favore a lui e a te stesso gridando il tuo caso ai quattro venti".

Quando il nipote spiega che non può accettare che il suo carnefice possa ritirarsi onorevolmente, Danneels gli risponde che, sul vescovo, "non ho alcun potere". "E chi ce l'ha, allora?" "Il papa." Il colloquio diventa teso.

Quando la vittima chiede che il cardinale parli subito al pontefice e che lo zio venga sanzionato dalla Chiesa, Danneels risponde: "Sì, ma... si può anche chiedere perdono e, certo, si può anche riconoscere il proprio senso di colpa. Lui può farlo. Sarebbe corretto. Tra un anno si dimetterà, e potrebbe impegnarsi a non fare più apparizioni in televisione, questo genere di cose".

Nipote: "No! Io sto mettendo tutto nelle vostre mani. Dovete prendere una decisione".

Danneels: "Così dicendo tu ci stai ricattando".

Nipote: "Perché hai tutta questa compassione per lui e non per me?"

Danneels: "Non sto dicendo questo".

Nipote: "Cerchi sempre di difenderlo. Speravo mi avresti aiutato. Invece sto seduto qui cercando di difendermi da cose che non ho fatto io".

Danneels: "No... Io non sto dicendo che... ma che c'è qualcos'altro che si può fare".

Nipote: "Ed esattamente cosa?"

Danneels: "Cercare il perdono, sempre".

Al secondo incontro, oltre al cardinale, era presente anche il pedofilo. Che di fronte al nipote ha chiesto perdono, rifiutandosi però di lasciare la poltrona del vescovado di Bruges. Dopo la fallita mediazione il sopravvissuto ha deciso di rendere pubblici gli audio registrati di nascosto. Per evitare, ha detto, che qualcuno lo accusasse di voler ricattare la Chiesa. Il cardinale ha ammesso di aver pronunciato quelle frasi, ma ha negato di voler tenere nascosti sotto il tappeto segreti inconfessabili, "o di aver voluto fare pressioni sulla vittima e sulla famiglia". Quando i fedeli hanno letto sbigottiti le intercettazioni su due giornali fiamminghi, Danneels ha deciso di correggere il tiro riconoscendo che avrebbe dovuto "incoraggiare da subito le dimissioni del vescovo. Ho ritenuto invece che fosse meglio usare un approccio pastorale", si è giustificato. "Mi rendo conto che ho sbagliato."

Il 13 marzo 2013 il cardinale Danneels, giorno della fumata bianca al conclave, sarà uno dei grandi sponsor di Bergoglio. Sarà lui uno dei fedelissimi che cercherà di spingere le istanze progressiste al sinodo sulla famiglia. Tutto è perdonato.

3.
Il sistema

> Alzatosi allora Gesù le disse: "Donna, dove sono? Nessuno ti ha condannata?". Ed essa rispose: "Nessuno, Signore". E Gesù le disse: "Neanch'io ti condanno; va' e d'ora in poi non peccare più".
>
> GIOVANNI 8, 10-11

Mettendo sotto la lente d'ingrandimento cronache giornalistiche di provincia degli ultimi mesi, carte giudiziarie fresche di cancelleria e documenti parrocchiali si scoprono tanti tasselli. Affiancandoli e guardando il mosaico da una certa distanza, il disegno è più chiaro. Partiamo prendendo un treno verso il tacco d'Italia, profondo Sud. A Brindisi ci sono don Francesco Caramia, arrestato nel giugno 2016 (ora ai domiciliari mentre è in corso il processo di primo grado) per abusi su un chierichetto dopo la denuncia di un pediatra, e don Giampiero Peschiulli, appena condannato anche in Appello a più di tre anni per molestie su due ragazzini (intercettato al telefono con un suo amico sospira: "Avessi fatto come tanti che vanno in discoteca pure travestendosi... l'ho scritto nella lettera [all'attuale vescovo monsignor Domenico Caliandro]: 'Eccellenza, di scandali, be', cominci a guardare le altre parrocchie come Bozzano e altre... Mò basta'".

Una quarantina di chilometri più a nord, a Ostuni, c'è Franco Legrottaglie, condannato nel 2000 per atti di libidine violenta su due ragazzine, mai sfiorato da processi canonici, e in seguito designato nel 2010 dal vescovo emerito Rocco Talucci cappellano dell'ospedale e prete in una chiesa del paese: nel maggio 2016 è stato pizzicato con 2500 immagini pedopornografiche conservate sul computer in cartelle con i nomi dei santi.

In Calabria, vicino a Reggio, c'è don Antonello Tropea, già padre spirituale del seminario di Oppido Mamertina, che nel marzo 2015 viene trovato dalla polizia in un'auto con un diciassettenne conosciuto grazie alla app Grindr usata per incontri gay. Venti euro il costo della prestazione. Indagato per prostituzione minorile, il don continua a fare il prete, confidandosi di tanto in tanto con il suo vescovo, monsignor Francesco Milito. "Evita di parlare con i carabinieri di queste cose," gli suggerisce il superiore senza sapere di essere ascoltato. A dicembre 2015, però, i magistrati arrestano padre Antonello, accusato di aver avuto rapporti sessuali a pagamento anche con altri minori. "Si invitano i fedeli tutti a restare uniti nella preghiera per esprimere vicinanza al sacerdote," ordinò l'arcivescovado due giorni dopo. Nell'ordinanza il gip stigmatizza, oltre a quello del prelato, anche il comportamento di Milito, ancora oggi vicepresidente della Cei in Calabria: "Non ha adottato provvedimenti cautelativi, né di minima verifica delle accuse rivolte all'indagato [...] ha avuto atteggiamenti particolarmente prudenti e conservativi dello status quo, dando pieno credito alla versione negatoria dello stesso accusato". Nel giugno 2016 don Antonello viene condannato in primo grado con rito abbreviato a quattro anni di reclusione da scontare agli arresti domiciliari. Mentre i suoi avvocati hanno dichiarato che avrebbero fatto ricorso in Appello, il vescovo ha annunciato di avergli "revocato le facoltà presbiteriali".

Sempre in Calabria, nella diocesi di Locri, c'è il vescovo Francesco Oliva, nominato da Francesco nel 2014: è lui che nel 2015 manda in una parrocchia a Civitavecchia un suo sacerdote, don Francesco Rutigliano, che la Congregazione per la dottrina della fede ha in passato sospeso per quattro anni, nel 2011, per "abuso di minore con l'aggravante di abuso di dignità o ufficio, commesso nel periodo tra il 2006 e il 2008" obbligandolo alla "celebrazione di 12 Sante Messe con cadenza mensile a favore della vittima e della sua famiglia". Don Rutigliano aveva pure presenziato, nel 2014, a un concistoro indetto da Bergoglio e aveva poi incontrato, nel palazzo apostolico, il segretario Pietro Parolin. Dopo le accuse dei parrocchiani di Civitavecchia la curia, capeggiata dal vescovo Luigi Marrucci, emette un comunicato, difendendo il prete perché mai indagato dalla magistratura civile.

A Napoli c'è don Silverio Mura, denunciato da un trentacinquenne, Diego Esposito (il nome è falso), che sostiene di aver subìto molestie per cinque anni quando era un fanciullo. Circostanze gravissime, lanciate via email all'arcivescovo vesuviano Crescenzio Sepe e al suo ausiliare, monsignor Lucio Lemmo. A oggi, dopo sei anni di proteste, richieste di aiuto al Vaticano e uno sciopero della fame, non è dato sapere se la Congregazione abbia aperto o meno un fascicolo: don Mura risulta ancora incardinato nell'arcidiocesi sotto il Vesuvio, e ha smesso di insegnare religione solo nel 2015.

A Catania c'è un sacerdote che ad agosto 2016, già sospeso dalla curia dalle attività pastorali, avrebbe minacciato con un coltello alla schiena un quindicenne costringendolo a rapporti sessuali.

Poi c'è don Siro Invernizzi, che nel 2013 è stato mandato dal vescovo di Como a fare il viceparroco a Cugliate, vicino Varese, nonostante i due anni con la condizionale patteggiati per aver approcciato in strada un ragazzino rom di tredici anni che si prostituiva.

A Grosseto c'è un sacerdote rinviato a giudizio nel luglio 2016 per molestie a tre ragazzine, a cui avrebbe rivolto "attenzioni troppo intime".

A Pietrasanta, in Versilia, dalla scorsa estate c'è un'altra indagine (ancora in corso) su un prete straniero appartenente all'ordine dei Carmelitani: la curia generalizia di Roma è stata citata in sede civile come responsabile dei danni per non aver esercitato il controllo sul religioso. La storia ha spezzato il cuore alla madre di un adolescente, che ha scoperto le presunte violenze quando, rassettando la camera del figlio, in un libro ha trovato alcune vecchie lettere scritte con calligrafia infantile: sono destinate al prete, e parlano di cose che un ragazzino non dovrebbe nemmeno conoscere.

A Milano c'è don Alberto Paolo Lesmo, parroco della chiesa di Santa Marcellina, condannato in primo grado per prostituzione minorile nel luglio 2016 (un ragazzino avrebbe anche tentato il suicidio): scattate le manette, il cardinale e vescovo meneghino Angelo Scola lo ha sospeso dall'incarico, premunendosi di avvertire che "nessuna notizia in merito al reato ipotizzato è mai stata a conoscenza dell'arcivescovo e dei suoi collaboratori".

Nel monastero delle Clarisse di Santa Maria delle Grazie, a Farnese vicino Viterbo, c'è don Ruggero Conti, che nel 2015 si è preso quattordici anni in Cassazione per abusi plurimi ai danni di ragazzini che frequentavano il suo oratorio della periferia romana. A causa di una depressione profonda e condizioni di salute precarie, a inizio 2016 è stato scarcerato e trasferito in convento. Qui potrà riposarsi per un po' dalle angherie della prigione, in cui ha passato pochi mesi, e dedicarsi alla contemplazione e alla preghiera nel bellissimo giardino del monastero, con vista mozzafiato sulla valle del paese.

Italia anno zero

E si potrebbe continuare. Le tessere del mosaico formano un sistema? La verità è che in Italia, a differenza di quanto accaduto negli Stati Uniti d'America, in Irlanda e in Australia, lo scandalo dei preti pedofili non è mai esploso in tutta la sua gravità. Non sono mai state istituite commissioni d'inchiesta dal governo nazionale, e la stampa ha sempre raccontato i casi singolarmente, uno alla volta, seguendo la cronaca, in genere dipingendo i pedofili come mele marce di una struttura gerarchica fondamentalmente sana.

Possibile che proprio in Italia il clero si sia distinto rispetto ai colleghi dei paesi anglosassoni? Possibile che alla fine del film *Spotlight*, nelle schermate che elencano decine e decine di diocesi in tutto il mondo coinvolte dagli scandali sessuali, non ci sia nemmeno una città italiana? Nel 2010 è lo stesso monsignor Scicluna, al tempo promotore di giustizia della Congregazione per la dottrina della fede, a dare una prima risposta all'eccezione: "In Italia finora il fenomeno non sembra abbia dimensioni drammatiche. Anche se ciò che mi preoccupa è una certa cultura del silenzio che vedo ancora troppo diffusa". Una tendenza all'acquiescenza che sembra coinvolgere le vittime, le famiglie dei credenti, le gerarchie, i media: secondo alcuni osservatori non è un caso che siano proprio i paesi tradizionalmente più cattolici – come l'Italia, la Spagna e quelli del Sudamerica – quelli in cui il fenomeno della lussuria sui più piccoli sembra avere numeri contenuti.

Ufficialmente, il Vaticano e la Conferenza episcopale italiana non hanno mai presentato statistiche ufficiali sui casi di abuso in Italia. Nel 2010 monsignor Mariano Crociata, allora segretario della Cei, abbozzò una cifra di "cento casi di abuso dal 2001 a oggi, nel senso dei procedimenti canonici avviati", altri (come il diacono Marco Ermes Luparia, psicoterapeuta specializzato nel prendere in cura i sacerdoti) hanno detto che la percentuale dei pedofili italiani può arrivare al 2 per cento del totale: fosse vero, sarebbero un migliaio. Un esercito.

Negli Stati Uniti i giornalisti del "Boston Globe" che diedero il via all'inchiesta sui preti pedofili americani scoprirono che nella loro città la curia, guidata dal cardinale Bernard Francis Law, aveva spostato di parrocchia in parrocchia, nei vent'anni precedenti, un'ottantina di presunti preti pedofili, spesso pagando il silenzio delle famiglie con risarcimenti civili che prevedevano il vincolo assoluto di riservatezza. In Italia, incrociando le carte giudiziarie delle inchieste venute alla luce e database di associazioni battagliere come Rete L'Abuso, i numeri conosciuti raccontano di oltre duecento tra preti e sacerdoti condannati o indagati solo negli ultimi dieci anni. Quelli, ovviamente, scoperti: impossibile conoscere i casi invisibili, perché mai denunciati dalle vittime o dalle famiglie (spesso cattoliche) per vergogna, paura. Disonore. Impossibile avere nozione dei casi sepolti negli archivi diocesani tenuti sotto chiave dai vescovi.

E se la lista dei carnefici è lunga, quella delle vittime lo è ancora di più. Ma in Italia la loro voce è più flebile rispetto a quella dei sopravvissuti di altri paesi. Non esiste una rete di supporto paragonabile, mentre i risarcimenti ottenuti sono ancora ridicoli. Un esempio su tutti: se l'arcidiocesi di Los Angeles qualche anno fa ha pagato, in un accordo extragiudiziario, 660 milioni di dollari a 508 vittime di molestie da parte di preti (il periodo delle violenze ipotizzate va dal 1950 al 1980) come indennizzo per gli atti di libidine, a Verona i 67 ex allievi dell'Istituto Provolo, sordomuti che hanno denunciato alla curia i mostruosi soprusi di cui sarebbero stati oggetto da parte di venticinque religiosi dal 1950 al 1984, non hanno ricevuto nemmeno un euro. Per la legge italiana i reati sono prescritti e una causa legale è tecnicamente impossibile. Ovviamente, nonostante le decine di testimonianze incrociate dei disabili, né la gerarchia ecclesiastica né il Vaticano hanno pensato di mettere mano al portafogli. L'ex Sant'Uffizio, nel 2012, al termine di un'indagine svolta da una Commissione indipendente ha emanato provvedimenti a carico di due preti: don Danilo Corradi, ex superiore generale dell'Istituto, ha ricevuto solo una "formale ammonizione canonica" poiché "le accuse non risultano provate", mentre don Eligio Piccoli ha subito un "precetto penale". Il vescovo dell'epoca buia, monsignor Giuseppe Carraro, è in procinto di diventare beato. Qualche giorno prima che questo libro andasse in stampa, uno dei sacerdoti indicati dai testimoni come presunti aguzzini è stato arrestato in Argentina con l'accusa, ancora tutta da dimostrare in sede giudiziaria, di "abuso aggravato" e "corruzione di minori". Don Nicola Corradi era stato trasferito nella sede argentina del "Provolo" (a La Plata, a sessanta chilometri dalla sede vescovile che fu di Bergoglio) qualche anno fa. Gli investigatori, dopo la denuncia di una ragazza sordomuta, stanno indagando su una sessantina di possibili atti di lussuria iniziati nel 2007. "È come mettere le mani nel vaso di Pandora," ha commentato il 28 novembre 2016 il procuratore Alejandro Gullé. L'avvocato dell'associazione internazionale antipedofilia Snap, Sergio Cavaliere, è durissimo: "Protestiamo la nostra indignazione per aver permesso a questi religiosi di avvicinare altri minori in condizioni di particolare fragilità, contando sulla prescrizione delle accuse. Ci domandiamo come abbia potuto papa Francesco, ex arcivescovo di Buenos Aires, non prendere provvedimenti contro i sacerdoti trasferiti a due passi dalla sede episcopale. Ci domandiamo dove è la misericordia giubilata in questo anno santo, dov'è finita l'attenzione per le vittime più volte annunciata".

"Sotto segreto pontificio"

"Avevamo paura a raccontare quello che don Mauro ci faceva nel suo studio dell'oratorio. Perché per molti nostri genitori il 'don' era un idolo. Meritevole di venerazione." Riccardo B. (il nome è falso) è uno dei cinque ragazzi che ha raccontato al capo della procura di Cremona Roberto Di Martino le gesta erotiche di Mauro Inzoli. Non un prete qualsiasi, ma fino al 2012 uno dei sacerdoti più influenti del clero lombardo, un prete che poteva vantare un curriculum lungo un chilometro: rettore dell'Istituto dei rampolli della borghesia napoletana "Santa Dorotea" fino al 1992, fondatore dell'Associazione Fraternità di Crema (affidataria, dal 1984, di minori in difficoltà), preside del Liceo linguistico Shakespeare a Crema. E soprattutto potente agit-prop di Comunione e Liberazione, l'associazione cattolica di cui è stato uno dei simboli indiscussi per decenni, per la quale organizzava il meeting di Rimini. Don Mauro era anche vicepresidente della Compagnia delle Opere, grazie a cui ha potuto presiedere dal 1997 al 2012 il Banco Alimentare, una onlus caritatevole fondata da monsignor Luigi Giussani. Fino al 9 dicembre, per la precisione, quando la cancelleria vescovile della diocesi della sua città (don Mauro era la guida spirituale della parrocchia Santissima Trinità) affigge in bacheca una nota che stordisce la comunità: "Il vescovo di Crema ha emesso un decreto, su mandato della Congregazione per la dottrina della fede, che dispone la dimissione dallo stato clericale del reverendo Monsignor Mauro Inzoli al termine di un procedimento canonico a norma del canone 1720 del Codice di Diritto canonico. La pena è sospesa in attesa del secondo grado di giudizio. Ogni altra informazione in merito al provvedimento di cui sopra è riservata all'autorità della Congregazione per la dottrina della fede".

Un comunicato devastante e sibillino, che non chiarisce quali siano le colpe che hanno fatto precipitare il prelato che amava berline tedesche e sigari cubani (tanto da essere chiamato don Mercedes) dalle cene nei ristoranti con politici e imprenditori al fango dello spretamento forzoso voluto da Ratzinger. Nessuno, in Vaticano, concede ulteriori spiegazioni.

Che qualcosa non andasse i parrocchiani l'avevano capito da un pezzo: don Mauro era scomparso dalla sua chiesa due anni prima, nell'ottobre del 2010, senza dare alcun chiarimento ai devoti, per ricomparire solo un anno dopo a Marsala, in Sicilia, per tenere a battesimo un convegno del suo Banco Alimentare. Altri cenni di vita arrivano il 5 dicembre 2012, quando il settimanale "Tempi", rivista vicinissima a CL, pubblica una recensione del suo libello *Era uno di noi* sulla vita di Cristo ("Ma voi vi immaginate quando la sera andavano a letto e lui si metteva in mezzo a loro, come fanno i vostri bambini quando sbucano dal loro lettino e vengono nel lettone, ed era Dio! Ed era Dio! Se lo stringevano passandoselo uno all'altra, e non è una favola questa, è la realtà", si legge nell'opera), pochi giorni prima della minuta ferale firmata dall'allora vescovo di Crema Oscar Cantoni.

Sarebbe stato proprio lui ad avvertire il Vaticano dei comportamenti lussuriosi del prete, dopo essere stato chiamato dal preside di un istituto superiore. Il vescovo Cantoni, da ottobre 2016 promosso da Francesco a capo della sede vescovile di Como, non ha però mai avvisato la magistratura. Esattamente come fece in passato di fronte agli abusi sessuali commessi da Mauro Stefanoni, un altro sacerdote condannato nel 2012 a otto anni di reclusione: tanto che nel 2008, con l'accusa di averlo messo al riparo dalle indagini di cui era oggetto, l'allora vescovo vicario di Como, insieme al suo capo e vescovo Alessandro Maggiolini e al vicario diocesano generale Enrico Bedetti, fu indagato dai pm comaschi per favoreggiamento. Un'accusa poi caduta: se il procedimento a carico di Maggiolini si concluse a causa della sua morte, nei confronti degli altri due prelati venne chiesta l'archiviazione, in quanto si sarebbero semplicemente limitati a eseguire gli ordini del vescovo.

Torniamo a don Inzoli. Solo nel 2014 la comunità scopre che padre Mauro è stato spretato anni prima da Ratzinger "in considerazione della gravità dei comportamenti e del conseguente scandalo provocato da abusi su minori". È il 26 giugno. L'arcidiocesi di Crema divulga il decreto definitivo della Congregazione per la dottrina della fede. Che, nonostante ammetta episodi comprovati di molestie sessuali su bambini, decide di tornare sui suoi passi, e infligge al boss di Comunione e Liberazione una pena più lieve rispetto al primo grado di giudizio, obbligandolo sì a "una vita di preghiera e umile riservatezza come segni di conversione e pentimento", ma riammettendolo nel clero. Una scelta approvata da Francesco in persona, che ha accettato il ricorso del pedofilo. "Su incarico del papa," annuncia il vescovo Cantoni, "il ministero mi ha fatto pervenire un decreto con il quale infligge una 'pena medicinale perpetua' nei confronti di don Mauro [...] L'invito che rivolgo è dunque di considerare il giudizio nei confronti di don Mauro alla luce di un binomio inscindibile: quello della verità e della misericordia insieme. La finalità dello spirito ecclesiale è sempre di accompagnare maternamente i suoi figli anche quando sbagliano piuttosto che fare prevalere giudizi di condanna [...] Nessuna miseria è troppo profonda, nessun peccato è terribile, perché non vi si applichi misericordia."

È impossibile a oggi sapere perché il ricorso di don Mercedes contro la sua riduzione in stato laicale sia stato accolto da Bergoglio. Nonostante il Vaticano abbia confermato "la gravità dei suoi comportamenti e del conseguente scandalo provocato da abuso sui minori", don Inzoli ha riottenuto il diritto a mantenere la tonaca, lo stipendio e un alloggio pagato. Privilegi che perderà solo se "celebrerà messa in pubblico [privatamente può farlo], o se verrà visto "svolgere accompagnamento spirituale o altre attività pastorali, ricreative o culturali che coinvolgano minori", spiega la diocesi di Crema. "Dovrà inoltre intraprendere per almeno cinque anni un'adeguata psicoterapia."

A fine 2014, dopo il deposito di due esposti, il procuratore Di Martino, un pm che in passato ha indagato sulla strage di piazza della Loggia e sullo scandalo calcio-scommesse, decide di aprire un fascicolo penale. E invia subito una richiesta di rogatoria internazionale alla Santa Sede, in modo da ottenere gli atti del processo canonico il cui contenuto resta del tutto sconosciuto. Per stabilire se, a parte la "penitenza e la preghiera" inflittegli dalla giustizia divina, don Inzoli sia meritevole di essere condannato da quella terrena per reati che comportano pene assai più gravi. Mentre il giudice aspetta i documenti, don Mauro viene intanto avvistato sotto il Duomo di Milano, dove si è trasferito in fretta e furia dopo la buriana, a seguire un convegno anti-gay intitolato "Difendere la famiglia per difendere la comunità", patrocinato anche dalla Regione Lombardia e pubblicizzato con il logo dell'Expo (le foto ritraggono don Mauro in seconda fila, dietro il presidente leghista Roberto Maroni e il suo predecessore Roberto Formigoni, di cui pare fosse uno dei confessori).

Per analizzare la richiesta del pm, scrivere e spedire la risposta la Congregazione per la fede impiega in totale quattro mesi. Tutto tempo buttato: la richiesta di rogatoria del giudice italiano viene seccamente respinta: "Gli atti istruttori e processuali sono sub segreto pontificio". "Sotto segreto pontificio", nessun'altra motivazione del diniego. È il 20 febbraio 2015 quando il capo della procura apre la busta inviatagli dal ministero di Giustizia italiano con la lettera che annuncia il "niet" ricevuto dalla segreteria di Stato d'Oltretevere. "Le posso dire," spiega Di Martino a chi vi scrive, "che la Santa Sede si è appellata al segreto pontificio in modo abbastanza laconico. Non sono state fornite spiegazioni sul diniego. Peraltro la risposta è arrivata dopo molti mesi dalla mia richiesta. Io avevo chiesto come invio principale i verbali dell'indagine da loro svolta, e in subordine almeno i nomi delle persone coinvolte per poterle sentire."

Il magistrato però non si perde d'animo. Le trova con i suoi mezzi. Ascolta una trentina di testimoni, e alla fine individua un centinaio di episodi di violenza sessuale commessi dal prete di CL. Un centinaio. Un'enormità. Per la legge italiana i reati sono quasi tutti estinti. È passato troppo tempo. "Tra questi però ce n'erano ancora otto riferibili a cinque persone che non erano ancora prescritti." Tutte presunte vittime che al tempo degli abusi, dal 2004 al 2008, avevano tra i dodici e i sedici anni. La procura incrimina così Inzoli per aver baciato i minori, per averli carezzati e palpeggiati nelle parti intime, masturbati. L'indicibile accadeva nel suo studio, dove i ragazzini venivano fatti entrare uno alla volta. E in alcuni luoghi di villeggiatura, dove la parrocchia organizzava campi estivi. Tutti i sopravvissuti hanno raccontato di sentire al cospetto del prete una fortissima sottomissione psicologica: "Eravamo allibiti, non avevamo la forza di reagire".

A giugno 2016, dopo che il pm aveva rifiutato l'offerta di patteggiamento proposta dai legali del sacerdote, don Inzoli è stato condannato in primo grado a 4 anni e 9 mesi di carcere (mentre scriviamo sono pendenti i termini per l'Appello). "Nonostante la Santa Sede non si sia prodigata a fornire gli atti sono contento perché si è giunti all'accertamento della verità," afferma non senza un velo di delusione nella voce il capo della procura. "Gli episodi individuati? A mio parere sono addirittura un centinaio, avvenuti tra il 1995 e il 2008. Ma sono episodi non contestati, perché o prescritti o per i quali non vi erano gli estremi per procedere, ma andavano inquadrati nel contesto: la gravità del reato si desume da ciò che sta intorno." Di Martino non vuole entrare nel merito degli abusi sessuali, e in una conferenza stampa ha rilevato solo l'esistenza, nelle carte, di "alcuni particolari terribili".

Sottolineando, poi, il ritardo con cui sono state fatte le denunce: "Il timore di queste persone a denunciare questi fatti ha ritardato l'emersione degli stessi. C'è stato grande imbarazzo da parte delle vittime a denunciare questi fatti a chicchessia. Le famiglie ci hanno creduto poco [alcune appartenevano a CL], i vescovi non parliamone, perché non si pensava che questo personaggio potesse essere l'autore di questi fatti emersi con grave ritardo". I cinque ragazzi hanno avuto come risarcimento del danno subìto 25 mila euro a testa. Forse poco, rispetto alla terribile esperienza vissuta. Nessun grande organo di stampa italiano ha dato notizia della mancata collaborazione del Vaticano in una causa così delicata, nessun vaticanista ha commentato la decisione di Francesco di restituire la tonaca – nonostante accuse ormai provate – all'ex potentissimo capo carismatico di Comunione e Liberazione.

In Lombardia quello di don Inzoli è l'ultimo caso di una scia lunghissima: nel 2003 don Vittorio Damiani, prete del bergamasco, viene arrestato per presunti abusi, protesta la sua innocenza, e due mesi dopo non regge lo scandalo e si toglie la vita mentre è dietro le sbarre. Anche don Matteo Diletti, condannato in Cassazione nel 2010 per gli stessi reati, decide di farla finita, forse per il disonore: il suo corpo è stato ritrovato senza vita in un dirupo. Don Diego Rota, parroco a Solza, è stato invece incastrato nel febbraio 2016 dai carabinieri che intercettavano le chat di alcuni ragazzini che si prostituivano per pochi soldi. "Marco", il nickname del prete, a un adolescente a cui aveva regalato un cellulare da 399 euro che gli chiedeva "quante volte lo dobbiamo ancora fare gratis", spiegava che avrebbe "scalato" le prestazioni: "Abbiamo appena cominciato, ce ne hai quindici volte su venti pattuite. Se fai meglio e non mi bidoni come sempre potrei scontarne qualcuna". Prostituzione minorile, questa l'accusa: mentre scriviamo il processo contro don Diego e altre dieci persone, tra cui imprenditori, poliziotti, allenatori di calcio, è ancora in corso.

A Brescia la città si spacca da anni sugli scandali a ripetizione all'interno del seminario della diocesi intitolato a Maria Immacolata: nell'annus horribilis del 2002 il vicerettore e padre spirituale don Claudio Ballerini fu multato per esibizionismo (trasferito in una comunità umbra per intraprendere "un processo di rafforzamento dell'identità", otto anni dopo si è nuovamente abbandonato a plateali atti di autoerotismo in piazza dei Partigiani a Perugia davanti a due sedicenni), mentre l'allora vicedirettore don Luigi Facchi, nonché parroco al paesino di Ome, si eclissò improvvisamente subito dopo che i carabinieri avevano bussato in canonica per annunciargli che era sotto indagine per pedofilia. Nessuno, inizialmente, credette alle accuse; i paesani giurarono la sua innocenza per settimane. Le loro certezze crollarono solo quando il don patteggiò sei anni senza indugio, scomparendo dalla circolazione (non si è mai saputo se il Vaticano l'abbia processato) e riapparendo come custode di una biblioteca e "aiutante" di preti anziani.

L'anno successivo la curia bresciana si affretta, così, a chiamare il suo successore: l'onore tocca al giovane don Marco Baresi. Il 27 novembre 2007, però, le forze dell'ordine suonano nuovamente alla porta della canonica, e arrestano il secondo vicedirettore consecutivo: l'accusa, stavolta, è di aver messo le mani addosso a un seminarista quattordicenne. Il quadro indiziario peggiora quando i militari trovano sul pc centinaia di immagini pedopornografiche. La cattura è un trauma collettivo. Come la condanna a sette anni e quattro mesi arrivata due anni dopo, e confermata sia in secondo grado che in Cassazione nel 2011. Brescia si divide ancora. Perché se il tradimento dell'innocenza e della fiducia indigna parte dell'opinione pubblica, don Baresi, per molti, resta un mito intoccabile. Un uomo buono e pio. I fedeli a lui più vicini aprono un sito internet di solidarietà, e vergano una lettera aperta in cui, davanti alla pena definitiva, accusano i "poteri senza nome, incontrollabili, eppure dotati di forza distruttiva". Come quello dei magistrati o degli psicologi "capaci di scoperchiare presunte inimmaginabili verità", quello dei giornalisti, perfino quello "delle infinite facce di un computer" che potrebbe essere stato usato, come ha suggerito la difesa e i trecento fan che hanno partecipato alle udienze indossando la maglietta "FreeDon", da altre dita. Monsignor Antonio Riboldi, vescovo emerito di Acerra, parlò subito di "una strategia diabolica volta a colpire la Chiesa nel suo complesso: non si può gettare fango su tutti per qualche mela marcia". Il vescovo di Brescia Luciano Monari, in una lettera al clero bresciano dopo la condanna in

Appello, dichiarò invece di avere ancora auspici in una sua assoluzione, e, indirettamente, di non poter credere fino in fondo al racconto della vittima. "Avevo espresso fiducia in don Marco e avevo speranze grandi per lui. Mi affidavo al diritto biblico del Deuteronomio che dice: 'Un solo testimone non avrà valore contro alcuno, per qualsiasi colpa e per qualsiasi peccato; qualunque peccato uno abbia commesso, il fatto dovrà essere stabilito sulla parola di due o tre testimoni'. Naturalmente il diritto moderno usa altri parametri." Per fortuna: al netto della cautela obbligatoria e del rischio, in alcuni casi, di suggestioni e calunnie, è difficile infatti che i predatori, laici o ecclesiastici stuprino le loro piccole prede di fronte a un pubblico numeroso. "Parola contro parola" è da sempre il terreno di gioco preferito dagli adulti (laici o ecclesiastici) che usano per i loro fini il corpo di ragazzine e adolescenti.

Il vescovo è stato un po' meno caustico a giugno del 2016, quando un altro dei suoi sacerdoti, don Angelo Blanchetti, è finito agli arresti domiciliari per aver violentato, secondo l'ipotesi accusatoria, un ragazzino straniero che stava seguendo con il prete un percorso di conversione che lo avrebbe portato presto a ricevere il battesimo. "Il dramma di chi è vittima di abusi non può essere in alcun modo sottovalutato e tanto meno eluso a maggior ragione se coinvolge sacerdoti. Pure la delicatezza della situazione di chi si trova accusato di una colpa tanto grave e deve dimostrare la sua innocenza è di grande portata." Nessun cenno, nel comunicato, al fatto che in casa del parroco, chiusi in una cassaforte, siano stati trovati creme lubrificanti e preservativi. E una coperta imbottita, identica a quella segnalata alla polizia dal ragazzino: sarebbe la trapunta che il prelato adagiava sul pavimento, tra cucina e salotto, per fare sesso senza sbucciarsi le ginocchia. "Se dici qualcosa vai all'inferno," avrebbe detto per quasi due anni alla fine di ogni rapporto sessuale.

Il ragazzino non sarebbe l'unica vittima: nel corso dell'inchiesta (l'incidente probatorio è di settembre 2016, il prete ha rigettato le accuse spiegando di "essere tranquillo, non ho fatto assolutamente nulla") è spuntato fuori un secondo teste che prima si è sfogato su Facebook, poi è stato interrogato in caserma. Confermando, in uno scoppio di emozioni a lungo represse, quanto accaduto ventisei anni prima. Quando don Angelo era viceparroco ad Artogne. "Ai tempi degli abusi avevo nove anni, ora ne ho trentacinque [...] Sono in cura, da anni [...] Mi faceva sdraiare su una coperta imbottita nel suo ufficio..." Mentre scriviamo si attende l'inizio del dibattimento. Per la cronaca, il vescovo Monari è diventato presidente della Commissione episcopale per la dottrina della fede della Cei nel 2015.

I segreti del vescovo di Como

"I miei genitori in quell'occasione mi hanno anche detto di aver parlato di quello che era successo al vescovo di Como già nel 2008, dopo essere rientrati dalle ferie, ma che lui non li aveva ascoltati fino in fondo e non aveva spostato don Marco né dalla parrocchia di San Giuliano né dai giovani; infatti ha continuato a svolgere attività per i bambini e per i giovani dell'oratorio." Così Matilde L. rivela ai magistrati, quando ha ormai sedici anni, cosa le era capitato quattro anni prima. Marco Mangiacasale è l'economo della diocesi della città dei *Promessi sposi*, ed è anche un amico di sua madre e suo padre. Nel 2008 sta passando l'estate insieme a loro e a un gruppo di parrocchiani, a Roseto degli Abruzzi. È lì che una sera in una cascina, al suono delle cicale, i genitori di Matilde si accorgono che il prete ci sta provando con la loro figlia. "Durante la permanenza all'interno della veranda accadde un episodio che ci lasciò allibiti," ricordano, mettendo a verbale ogni parola davanti ai giudici che stanno indagando gli strani comportamenti del prelato originario di Siracusa. "A un certo punto don Marco, che era seduto a fianco di nostra figlia, dopo essersi appoggiato con i gomiti sul tavolo, ha allungato il braccio destro palpeggiando ripetutamente, a fasi alterne, e senza alcun freno inibitorio, il seno di nostra figlia... La sera seguente, dopo la cena, don Marco al termine di una partita a carte ha allungato il braccio andando a palpeggiare il seno di mia figlia. Quando ho visto che abbassava la mano sotto il tavolo, ho allontanato violentemente con un calcio la sedia su cui sedeva Matilde." È novembre del 2008 quando, si legge nella sentenza del novembre 2012 che condanna in primo grado don Marco a tre anni e sei mesi di reclusione, i genitori di Matilde prendono il coraggio a due mani e "dopo una lunga e tormentata riflessione" raccontano tutto al vescovo, monsignor Coletti. "La denuncia," scrive il giudice, "avrà come conseguenza la rimozione di don Marco dalle funzioni di parroco, ma non gli impedirà – purtroppo – di continuare ad abitare sopra l'oratorio e di essere il responsabile delle attività della parrocchia di San Giuliano. Tutto ciò gli consentirà di allungare le mani sotto una coperta o di toccare nelle parti intime Ludovica G., di baciare Veronica B., di palpeggiare il seno di Simona P. e di Rossella R., e di intrattenere una relazione sentimentale con le prime due ragazzine [i nomi sono stati camuffati da chi vi scrive]." "Lo scempio di bambine" avrà fine solo con le denunce del 28 febbraio 2012, quando finalmente Ludovica G. si confida con don Roberto Pandolfi, che la convince a parlare con i suoi genitori quando don Roberto, che svolge in diocesi il ruolo di esorcista, legge gli sms scabrosi tra il collega e la ragazzina ("le ho proposto di andare da sua madre e suo padre insieme a me, visto che lei da sola si vergognava a farlo perché si sentiva colpevole poiché si riteneva consenziente nel suo rapporto con don Marco") e si ricorda che mesi prima la direttrice del coro, Marinella Boggia, "mi aveva detto che lei pregava molto per don Marco perché ne aveva molto bisogno. Le ho chiesto di dirmi quanto conoscesse sul suo conto, e mi rispose che aveva saputo dal signor Renzo Brenna che alcuni anni prima don Marco aveva toccato Matilde. Il signor Brenna mi confermava la circostanza. Io stesso così ho informato i genitori di Matilde che analoghi fatti erano successi anche con un'altra ragazza".

Informate dall'esorcista, le famiglie di Ludovica e Matilde decidono stavolta di rivolgersi, invece che al vescovo, alla procura della Repubblica. L'inchiesta è rapidissima, le testimonianze e le foto sul cellulare schiaccianti, il prete è reo confesso. A novembre 2012 arriva la sentenza di primo grado, confermata da quella di Appello nel maggio del 2013. Nel 2015 la Cassazione chiederà una rideterminazione della pena alla corte d'Appello perché le violenze possono essere considerate tali solo finché don Marco era stato il parroco delle sue vittime, non anche nel periodo in cui era diventato economo della diocesi, ma la giustizia papale stavolta è stata più rapida: nel dicembre del 2013 papa Francesco chiude il processo canonico in tempi record spretando don Marco. Una sentenza che ha rischiato di rimanere sotto silenzio: il vescovo Coletti, infatti, non ha dato subito l'ordine di renderla pubblica, spiegando poi di essere stato cauto per espressa volontà del pontefice. I genitori delle vittime, però, negano la presenza di qualsiasi imposizione di segretezza: "È stato il monsignore a imporre l'obbligo di riservatezza ai presenti, quando nel gennaio 2014 ci ha dato notizia della decisione del papa," hanno dichiarato a "Repubblica". "Il vescovo, anziché ammettere il proprio errore nella gestione di questa storia, ci ha ordinato il silenzio... ora faccia un passo indietro." Monsignor Angelo Riva, vicario episcopale, è un altro prete che le famiglie amano poco: oltre ad aver definito "certa informazione cannibale se non coprofaga", in un editoriale sul settimanale della diocesi scrisse un intervento eufemisticamente discutibile. "Sia detto allora con chiarezza – in nome della stessa verità e giustizia che ha portato all'emissione delle sentenze – che don Marco non è un pedofilo, non è malato, non è socialmente pericoloso. È un peccatore che ha commesso dei crimini per i quali è stato giudicato, in sede tanto canonica che civile. È davvero deprecabile che una certa immagine 'mostruosa' dell'imputato abbia finito per diventare di pubblica opinione ben al di là della sua reale consistenza. Questo non è giusto. Riteniamo doveroso che ognuno venga giudicato fino in fondo per quello che ha fatto, ma anche che questo (e non altro) debba costituire l'oggetto del pubblico convincimento, al di là di prime, sommarie, comunicazioni rivelatesi poi destituite di fondamento... Nessuno, ci sta dicendo papa Francesco, potrà mai rubarci la speranza riposta in questo cammino di misericordia. Don Marco non era un cattivo prete. È stato fragile e peccatore, e sta pagando fino in fondo per i suoi errori. La Chiesa di Como sa di volergli ancora bene, e di dovergli porgere, dopo l'aceto aspro della giustizia, il balsamo della misericordia." Frasi che don Roberto, colui che ha di fatto salvato le ragazze e ha sostituito don Mangiacasale nella parrocchia di San Giuliano, ha criticato duramente, spiegando di aver letto e riletto il comunicato e di non aver trovato parole di compassione "per le ragazze abusate da Mangiacasale". Se il vicario Riva è ancora direttore del giornale diocesano e pezzo grosso della curia, e il vescovo Coletti è andato in pensione il 13 novembre 2016 per raggiunti limiti d'età senza pagare dazio nonostante abbia "sottovalutato" le prime denunce, don Roberto è stato trasferito a Grandate. Non è più esorcista diocesano.

Il mostro di Firenze

Anche don Lelio Cantini, a Firenze, è riuscito a farla franca per anni. Per quattro decenni priore della parrocchia della Regina della Pace, eretta nel dopoguerra nel quartiere residenziale e popolare di Rifredi, don Lelio ha stuprato decine di bambine e bambini tra gli anni settanta e i novanta, protetto – secondo i magistrati che hanno indagato sui suoi atti di lussuria – da una coltre di silenzio e di omertà eretta anche da pezzi della gerarchia.

Cosa accadeva davvero nella parrocchia fiorentina lo hanno ricostruito il pm e il giudice per le indagini preliminari che hanno indagato sulla diocesi. La tana scelta dal prete per fare sesso con generazioni di ragazzine minorenni, costringendole a violenze fisiche e psicologiche, consumate anche grazie al plagio delle vittime e delle loro famiglie. Convinte dal prete e dalla sua perpetua, Rosanna Severi, che stavano contribuendo alla fondazione di una nuova "Chiesa dello spirito", parallela e superiore a quella ufficiale, ormai corrotta e preda della "mondanità". "Don Cantini riuscì a far credere a molti di essere il 'Signore', mentre la sua collaboratrice domestica otteneva potere e obbedienza dichiarandosi la 'Madonna'," scrive il gip nel 2011, quando a malincuore archivia l'indagine penale su don Lelio perché i reati sessuali su bambine e ragazze di dieci, quindici, diciassette anni sono ormai prescritti. "Tra l'altro il sacerdote, utilizzando nel corso della confessione il più bel canto d'amore della tradizione cristiana, il Cantico dei cantici, carpiva la buona fede delle giovani fedeli, proponendo alle ragazzine, preventivamente convinte di essere le 'elette', rapporti sessuali che dovevano aiutarle nel loro processo di crescita e purificazione, come forma di totale adesione a Dio, e ai giovani un futuro come sacerdoti e uomini di fede." Un "clima terribile e blasfemo", che ha piombato di nero il cielo sopra il crocefisso della chiesetta per almeno un ventennio.

Le ragazze diventate donne hanno impiegato un tempo infinito a superare vergogne e reticenze, necessario a rompere quel patto del silenzio imposto dal "Signore" che intimava loro un segreto assoluto, pena l'arrivo di "un castigo divino". Solo nel 2004 una ventina di ex compagne di oratorio, dopo essersi confidate scoprendo di aver condiviso la stessa, drammatica infanzia, decidono di chiedere conto e ragione dei soprusi, denunciando la lussuria del prelato alla curia di Firenze attraverso memoriali dettagliati, e riuscendo a incontrare prima l'arcivescovo Silvano Piovanelli, poi il successore Ennio Antonelli e il loro ausiliare Claudio Maniago.

Passano ben due anni dalle denunce del gruppo prima che, nel settembre 2005, la Chiesa decida di punire il pedofilo, con un banale trasferimento in un'altra parrocchia, quella di Mucciano, senza però affidargli l'incarico pastorale. Ufficialmente lo spostamento viene giustificato ai fedeli "per motivi di salute". Una decisione presa dall'attuale cardinale Antonelli. Alle ragazze, però, quella soluzione pare intollerabile. Chiedono giustizia vera, almeno delle "scuse ufficiali", "un atto riparatore", scrivono in un esposto poi apparso su "Repubblica", "autorevole e credibile".

Il prete viene allontanato di qualche altro chilometro, destinazione Viareggio. Alle vittime non basta ancora. Così, dopo aver trovato alleati insperati in un gruppo di sacerdoti indignati dal comportamento della gerarchia, le donne sparano ogni cartuccia a loro disposizione, scrivendo nuovamente al vescovo (Antonelli le invitò a "invocare da Dio la guarigione della memoria"), al Vaticano (il cardinale Camillo Ruini rispose nel 2007, augurandosi che l'allontanamento di don Lelio dalla diocesi "infonda serenità nei fedeli coinvolti a vario titolo nei fatti"), e infine a papa Ratzinger. Quando dietro le mura leonine apparve chiaro che la vicenda rischiava di esplodere sui media, la Congregazione per la dottrina della fede scioglie le riserve, avviando un procedimento canonico. La punizione per don Lelio è blanda: per una durata di cinque anni (si legge nella sentenza che lo condanna per abusi sessuali, falso misticismo, controllo e dominio delle coscienze) il prete viene privato della facoltà di confessare, di celebrare messa in pubblico, di assumere incarichi ecclesiastici, e obbligato a "recitare ogni giorno per un anno l'intero salmo 51 "Pietà di me, o Dio, nella tua misericordia" o, in loro sostituzione, le "litanie della Madonna". "Comprendo che le vittime nella loro sofferenza ritengono la punizione troppo leggera. Ma bisogna tenere presente che la Chiesa deve dare testimonianza alla divina Misericordia e mirare soprattutto al ravvedimento del peccatore e cercare di vincere il male con la forza della sua mitezza. Comprendo non solo la sofferenza delle vittime ma anche la loro ira. Purtroppo non posso far sì che il male non sia avvenuto. La Chiesa fiorentina si impegna nella carità fraterna alle vittime, che sono suoi figli e figli profondamente addolorati. Lo stesso don Lelio potrà sempre contare sull'aiuto e sulla vicinanza dei fratelli di fede e di sacerdozio nelle sue necessità spirituali e materiali," scrisse il cardinale Antonelli.

Dimenticando di ricordare che la rabbia delle vittime era dovuta anche al fatto che il suo predecessore, la porpora Piovanelli, era venuta a conoscenza per sua stessa ammissione di almeno un abuso. Molti, molti anni prima. "È vero, raccolsi in passato la confessione 'silenziosa' di una ragazza, pensammo che era stato fatto un singolo sbaglio... vedevo una specie di silenzio in cui era fasciato un po' tutto," si giustificò davanti a un giornalista de "l'Unità" che lo accusò di aver "coperto" il predatore lasciando che continuasse a braccare le sue prede nel terreno venatorio preferito, le mura della diocesi e dell'oratorio. "Abbiamo sottovalutato la vicenda? Non credo. Sembrava che ci fosse solo questo caso, quindi dopo aver parlato con la vittima e con il sacerdote, fatta la giusta reprensione, sembrava che ci si dovesse fermare lì perché pareva solo un errore." Una tirata d'orecchi, dunque. Una "doverosa" ramanzina. Secondo le stuprate nel 2004 anche il vescovo vicario di Antonelli, don Maniago, dopo essere stato da loro avvertito di quanto era successo non mosse neppure un dito. Don Claudio, nonostante fosse un fedelissimo del pedofilo e della sua perpetua, per lustri allievo prediletto di don Lelio, ha sempre negato di essere stato a conoscenza dei peccati del suo mentore.

Nell'aprile 2007, dopo anni di sussurri e grida inascoltate, la storia finisce sulla stampa. La procura di Firenze apre l'inchiesta penale, un anno dopo papa Benedetto XVI autorizza lo spretamento di don Lelio. I contorni e le responsabilità dello scandalo si fanno però davvero nitidi solo nel 2011, quando i giudici mettono nero su bianco "gli abusi sessuali gravi e la sopraffazione di don Cantini su bambine e bambini che gli venivano affidati, tutto in nome della fede". Nel dispositivo firmato dal gip Paola Belsito, che accoglie la richiesta di archiviazione per prescrizione dei reati firmata dal pm Paolo Canessa, il magistrato famoso per seguire dal 1980 la vicenda del mostro di Firenze, la critica a Santa Romana Chiesa è senz'appello: "Nel corso di oltre un decennio ci sono stati anche l'inerzia e l'assordante silenzio delle autorità ecclesiastiche". Il documento evidenzia pure come un fratello di due ragazze molestate avesse avvertito il cardinale Piovanelli addirittura nel 1992.

Nel dispositivo di archiviazione i giudici fanno riferimento anche alla figura di don Maniago, ricordando scelte e comportamenti del figlio prediletto del maniaco descritti nelle testimonianze di alcune vittime: Claudio non solo avrebbe saputo perfettamente cosa accadeva nella parrocchia, ma "avrebbe minacciato di conseguenze negative per le loro attività professionali (legate alla diocesi) le vittime che chiedevano giustizia". Accuse alle quali la magistratura non ha però "trovato riscontri oggettivi". I magistrati rammentano pure che un testimone (un gay dichiarato, P.M., interrogato dal pm Canessa, di lui non si conosce né il nome né l'età) durante l'indagine riferì che lo stesso Maniago avrebbe partecipato a un festino sadomaso alla fine degli anni novanta. "La Stampa" pubblicò il verbale dell'interrogatorio. Leggiamolo. "Feci un annuncio sul periodico 'Contattiamoci' nella rubrica *sadomaso* e un giorno fui chiamato da una persona che poi seppi essere un sacerdote. Si presentò come don Andrea, e mi diede appuntamento alla Certosa del Galluzzo a Firenze. Poi mi portò sulla costa vicino Cecina. Ebbi un primo rapporto con don Andrea, che poi mi ospitò in quella che indiscutibilmente era la canonica di una chiesa. La mattina dopo don Andrea e un altro sacerdote, don Mauro, mi dissero di prepararmi che sarebbe arrivato il 'padrone'. C'erano anche due ragazzi di vita, meridionali... Il 'padrone' l'ho riconosciuto in fotografia, era Claudio Maniago..." Una storia incredibile. Il pm, sempre nella richiesta di archiviazione, ha rimarcato però l'esistenza di "un principio di riscontro: dall'acquisizione della documentazione bancaria emerge infatti che l'uomo ricevette un bonifico di quattro milioni di lire proveniente proprio da un conto della parrocchia, e ricevuto – sempre a suo dire – al fine di 'tacitazione' per gli abusi subiti". "Al tempo avevo paura," ha verbalizzato nel 2007 la presunta vittima, che andò all'appuntamento di sua spontanea volontà, "che si potesse pensare a un'estorsione per comprare il mio silenzio... ma loro mi dicevano di volermi fare soltanto un'offerta."

È un fatto che il denaro fu girato sul conto del ragazzo presso l'agenzia 1 della Banca di Jesi (oggi Banca delle Marche). L'avvocato di padre Claudio, davanti alle notizie della procura, spiegò come la storia secondo lui fosse "falsa, raccontata da una persona che ha sostenuto fosse avvenuta dieci anni prima e che poi dice di aver riconosciuto monsignor Maniago dopo anni in una foto su un giornale. Il bonifico? Emerse che non era stato fatto da Maniago". Non si è però ancora capito chi e perché avesse "regalato" quattro milioni al testimone omosessuale protagonista del festino porno in canonica.

Don Cantini è morto nel 2012, ospite nel convento francescano di Fiesole. Il cardinale Piovanelli, il primo che seppe e tacque, è spirato nel luglio del 2016, salutato dal papa come un "caro fratello che ha servito con gioia e sapienza il Vangelo". Il suo collega Antonelli siede oggi su importanti poltrone in Vaticano, come membro del Pontificio consiglio per i laici e del Pontificio consiglio delle comunicazioni sociali, e vive in una casa nel palazzo di San Callisto a Trastevere di 440 metri quadrati. Don Maniago è stato promosso dal papa nel 2014 da ausiliare di Firenze a vescovo di Castellaneta, in Puglia. "La sua nomina," ha detto l'attuale arcivescovo fiorentino, il cardinale Giuseppe Betori, "dimostra la costante attenzione che il papa ha sempre avuto nei confronti di Maniago. Ogni volta che lo sento il Santo Padre mi chiede 'Come sta don Claudio?'. È un grande segno di affetto e di fiducia."

Fratello, io non ti denuncio

La credibilità delle gerarchie ecclesiastiche sulla reale volontà di contrastare gli abusi del clero non può prescindere, secondo tutte le associazioni di sopravvissuti in Italia e nel mondo, dalla questione della denuncia alla magistratura ordinaria. Una cartina al tornasole per misurare la concretezza degli annunci e dei buoni propositi del Vaticano. "Se la vittima è d'accordo, questo è un passo decisivo," ha affermato più volte Marie Collins, membro della Commissione antipedofilia.

Ebbene, la pietra dello scandalo non è mai stata scalfita. La denuncia, da parte del vescovo, di un collega o un sacerdote sospetto pedofilo non è ancora prassi obbligatoria. Nessun documento ufficiale della Santa Sede lo prescrive. Soprattutto, molte conferenze episcopali seguono linee guida che evitano di dare imposizioni ai chierici. Se Francesco, in una lettera ai vescovi di tutto il mondo, scriveva che "occorre continuare a fare tutto il possibile per sradicare dalla Chiesa la piaga degli abusi sessuali sui minori [...] Non potrà pertanto venire accordata priorità ad altro tipo di considerazioni, di qualunque natura esse siano, come ad esempio il desiderio di evitare lo scandalo, perché non c'è assolutamente posto nel ministero per coloro che abusano dei minori", la Conferenza episcopale italiana ha pubblicato nel febbraio del 2014 le sue nuove "linee guida per i casi di abuso sessuale nei confronti di minori da parte dei chierici", il cui testo è stato approvato dalla Congregazione per la dottrina della fede guidata dal cardinale Müller. Nella premessa la Cei afferma che il vescovo che riceve la denuncia di un atto di lussuria "deve sempre essere disponibile ad ascoltare la vittima e i suoi familiari, assicurando ogni cura nel trattare il caso secondo giustizia e impegnandosi a offrire sostegno spirituale e psicologico, nel rispetto della libertà della vittima di intraprendere le iniziative giudiziarie che riterrà più opportune". Ma nel paragrafo successivo, quello sui profili canonistici da mantenere di fronte alle notizie di illeciti, si spiega che è il vescovo a svolgere un'indagine preliminare sul presunto molestatore e, in caso escluda la verosimiglianza della notizia, "il vescovo potrà emettere un decreto di archiviazione conservando nel suo archivio segreto documentazione idonea a consentirgli di attestare l'attività svolta e i motivi della decisione". Il procedimento canonico è ovviamente autonomo da quello mosso dall'autorità civile. Ordunque, in merito alla cooperazione con i giudici, la Cei sottolinea come, grazie ai benefici concessi nel 1929 dai Patti lateranensi tra Repubblica italiana e Santa Sede, "i vescovi sono esonerati dall'obbligo di deporre o di esibire documenti in merito a quanto conosciuto e detenuto per ragioni del proprio ministero", e ricorda che se il magistrato chiede atti di un procedimento canonico contro un chierico pedofilo, non può emettere "un ordine di esibizione o di sequestro". Rimane inoltre "ferma l'inviolabilità dell'archivio segreto del vescovo", come quella "di registri e archivi comunque istituiti ai sensi del codice di diritto canonico".

In conclusione, la Cei nel 2014 ha ribadito con forza che "nell'ordinamento italiano il vescovo, non rivestendo la qualifica di pubblico ufficiale né di incaricato di pubblico servizio, non ha l'obbligo giuridico – salvo il dovere morale di contribuire al bene comune – di denunciare all'autorità giudiziaria statuale le notizie che abbia ricevuto in merito ai fatti illeciti oggetto delle presenti linee guida". In più, "nessuna responsabilità diretta o indiretta per gli eventuali abusi sussiste in capo alla Santa Sede o alla Conferenza episcopale italiana".

Le regole sui delitti contro il sesto comandamento permettono dunque ai vescovi, nonostante le indicazioni dell'Onu, di muoversi come più aggrada loro. Il cardinale Angelo Bagnasco, capo della Cei, si giustifica affermando che "per noi l'obbligo morale è ben più forte dell'obbligo giuridico: il nostro non è un 'no' alla denuncia, ma un'attenzione verso le vittime... Bisogna essere molto attenti affinché noi sacerdoti, noi vescovi, non andiamo a mancare gravemente di rispetto alla privacy, alla discrezione, alla riservatezza e anche ai drammi di eventuali vittime che non vogliano essere messe in piazza, brutalmente parlando". Anche secondo il segretario Nunzio Galantino, fedelissimo di Francesco, la scelta di non obbligare il vescovo alla denuncia contro un suo fratello è quella giusta, "perché essa, da sola, può significare già aver espresso un giudizio. Se il vescovo deve essere oltremodo attento ai diritti della vittima, non può trasformarsi in chi dà condanne definitive a colui che avrebbe commesso il crimine". Giustificazione curiosa, perché di fatto le linee guida della Cei facilitano gli insabbiamenti assai più delle regole scelte da altre conferenze episcopali: se in Italia la legge permette ai prelati, anche grazie a norme concordatarie che non sono mai state modificate, di scegliere la strada del silenzio con le autorità civili, negli Stati Uniti, in Irlanda, in Germania e Danimarca le rispettive organizzazioni dei vescovi hanno scelto una collaborazione assai più stretta in caso di reati sessuali. Idem in Francia, dove la denuncia è obbligatoria e chi non parla subito dei fatti a sua conoscenza rischia un'incriminazione formale.

Ci sono molti esempi che dimostrano come, di fronte a fratelli che sbagliano, i vescovi usino ancora la libertà concessa loro dalla Cei, con buona pace degli "obblighi morali" suggeriti da Bagnasco. Nel novembre 2014, otto mesi dopo la pubblicazione delle linee guida, il cardinale Paolo Romeo, allora arcivescovo di Palermo, riceve una visita inaspettata, quella di don Roberto Elice, parroco della chiesa di Maria Santissima Assunta. Che gli confessa di essere indagato. Un mese prima la madre di due ragazzini di tredici e quindici anni si è infatti presentata alla polizia per denunciarlo. Don Roberto ammette subito al suo superiore di aver trasgredito il sesto comandamento con i due teenager. Li ha davvero baciati e molestati durante un pellegrinaggio a Medjugorje, avvenuto nell'aprile del 2014. "Gli ho fatto troppo male nell'animo con i miei modi di amarlo e questo gli ha distrutto il cuore a poco a poco... I troppi abbracci e il desiderio di ricevere affetto lo hanno fatto entrare nel caos e a me hanno fatto perdere la bussola... Non ci sono finito a letto... In cinque diverse occasioni tutte distanti l'una dall'altra," confessa in una conversazione su WhatsApp alla madre sconvolta.

Sua eminenza Romeo lo rimuove all'istante dalla diocesi, appena don Elice esce dalla canonica, e lo spedisce in una clinica di riabilitazione a Roma, sospendendolo poi *a divinis* e vietandogli di celebrare messa in pubblico. Ma evitando di raccontare alle forze dell'ordine e alla magistratura inquirente quello che ha saputo dal reo confesso. "Abbiamo subito contattato la madre dei bambini, informandola del suo diritto di denunciare. Ci disse che l'aveva già fatto. Alla Chiesa non tocca fare alcuna denuncia alla procura. Ci siamo anche offerti di sostenere economicamente la mamma dei bambini. E con don Roberto si è adottata la massima severità. Certo, un padre non può abbandonare il proprio figlio. E il vescovo è un padre. Abbiamo aiutato quel figlio in difficoltà ad assumersi le sue responsabilità," spiegò nel febbraio 2016, quando la notizia dell'arresto di don Roberto aveva appena scosso la comunità dei fedeli nel profondo. Era l'ennesimo choc della Chiesa siciliana: qualche mese prima padre Aldo Nuvola, arrestato nel 2013 per istigazione alla prostituzione minorile, era stato condannato a sei anni di prigione e a risarcire sette ragazzini adescati online e nei bar (la condanna è stata confermata in Appello con una pena lievemente inferiore), mentre nello stesso periodo la Cassazione ha confermato che don Paolo Turturro (lontano parente dell'attore italo-americano) deve scontare i tre anni inflitti per molestie su piccoli di dodici e tredici anni. Nel novembre del 2015 il pm di Catania, pur archiviando per prescrizione il processo a don Carlo Chiarenza per abusi su un parrocchiano, dichiarò che la vittima e i testimoni non mentivano, e che non erano "emersi elementi atti a comprovare la falsità delle accuse". Anche la diocesi di Messina, qualche mese prima, aveva condannato il comportamento di un frate che avrebbe contattato minori su Facebook per avere rapporti sessuali, mentre nel luglio del 2015 a Palermo don Paolino Marchese è stato inchiodato da testimonianze e microspie che avrebbero confermato (in primo grado il collegio dei giudici ha inflitto una pena di sei anni, ridotti a cinque anni e sei mesi in Appello) gli atti di libidine subiti da una ragazzina tredicenne la quale, avendo la vocazione, frequentava la parrocchia con il sogno di diventare suora. Nella stessa zona delle Madonie padre Calcedonio Di Maggio avrebbe approfittato di un giovane affetto da lievi disturbi psichici: la Corte d'Appello di Palermo lo ha condannato a cinque anni e mezzo per aver messo le mani addosso al ragazzo nelle caldissime estati del 2006. Non era la prima volta che il sacerdote aveva a che fare con la giustizia: incredibilmente, prima di essere fulminato sulla via di Damasco come san Paolo e di prendere i voti, don Calcedonio era già stato arrestato e condannato in via definitiva per molestie sui minori.

Le indagini degli investigatori su don Roberto, durate quindici mesi, forse sarebbero state più rapide se il cardinale Romeo avesse mandato una nota scritta in procura sull'autoconfessione avuta dal pedofilo, o se avesse costretto padre Elice a presentarsi di fronte alla squadra mobile: gli inquirenti, tranne il racconto dei ragazzini, non avevano altre prove. Hanno impiegato mesi per scoprire che il parroco in passato aveva molestato un altro minorenne. "Il palazzo arcivescovile è di fronte alla questura? La Chiesa ha i suoi procedimenti ecclesiastici, che non sono meno gravi di quelli penali." Nel giugno del 2016 don Roberto Elice è stato condannato in primo grado a 6 anni e quattro mesi di carcere. Il nuovo arcivescovo di Palermo, Corrado Lorefice, ha chiesto "perdono alle vittime". Nessun commento, invece, sull'ultimo scandalo che ha travolto il convento dei cappuccini della città. Tre donne hanno raccontato che padre Salvatore Anello "per scacciare il demonio" organizzava esorcismi a luci rosse, basati su massaggi con olio benedetto sulle parti intime. "Mia figlia soffriva di epilessia, asma e gravi allergie, ero disperata. Padre Anello mi rispose di pregare, e di affidarmi al Signore. Quando agli incontri nel convento erano presenti mio marito e mio figlio tutto filò liscio. Non così quando mi presentai da sola con mia figlia." Mentre scriviamo il prete è stato arrestato insieme a un colonnello dell'esercito (che si è scoperto era solito frequentare anche la chiesa di don Elice) e le indagini sono in corso. Le vittime, per spezzare le catene della soggezione in cui erano precipitate, hanno raccontato la loro storia a due sacerdoti, chiedendo aiuto. "Uno di loro si era offerto di accompagnarmi dal vescovo, poi non si è fatto più sentire. Solo dopo mi ha chiamata prospettandomi le conseguenze negative di una denuncia, sostenendo che il colonnello stava facendo un percorso di purificazione."

Il mancato obbligo di smascherare alla polizia i presunti pedofili non è contenuto solo nelle linee guida della Cei del 2014. È stato ribadito recentemente dagli atti del corso annuale di formazione per i nuovi vescovi, che si è svolto a Roma nel settembre del 2015. Curati dalla Cei e pubblicati nel febbraio del 2016 dalla Libreria editrice vaticana con il titolo *Testimoni del Risorto*, con una prefazione di papa Francesco e un'altra del cardinale Marc Ouellet, contengono le lezioni di porpore di primissimo piano come Müller, Pell, Sandri e Scola. Il volume si chiude con un lungo saggio di monsignor Tony Anatrella, un teologo-psicanalista francese ascoltatissimo in Santa Sede, consultore sia del Pontificio consiglio per la famiglia sia del Pontificio consiglio per la sanità, e membro della Commissione internazionale di inchiesta su Medjugorje. Anatrella discetta sul tema della vita affettiva dei preti e dei "problemi di devianza", e dall'alto della sua esperienza spiega ai nuovi vescovi come bisogna muoversi di fronte a casi di lussuria su minori: "In base alla giurisdizione civile dei singoli Paesi dove la segnalazione è obbligatoria, il vescovo non è tenuto necessariamente a segnalare il presunto sospetto alle autorità, alla polizia o al procuratore della Repubblica non appena viene a conoscenza di reati e fatti peccaminosi. Solo la presunta vittima e/o la sua famiglia può decidere se sporgere denuncia o meno presso le autorità civili, potendo anche scegliere di ricorrere alla giustizia ecclesiastica. Tuttavia in questo caso, al termine della suddetta inchiesta, il vescovo ha la *facoltà*, in coscienza, di segnalare all'occorrenza il crimine alle autorità civili, a seconda della gravità dei fatti che lo dimostrano. Non si tratta di un *obbligo di denuncia*, che la legge, in particolare in Francia, non prevede per i ministri di culto, ma di una *facoltà* che si riserva il vescovo, tenuto al *segreto professionale laico*, dopo aver esaminato i fatti criminosi dell'autore del reato. Ovviamente spetta al singolo vescovo informarsi sulla legislazione in vigore nel suo Paese e cercare un parere legale al fine di sapere come è opportuno procedere.

"Il contesto emozionale e mediatico che circonda i fatti non deve dunque fare dimenticare la grave responsabilità dei ministri di tutte le religioni di fronte alla morale pubblica: questi sono tenuti ad applicare la propria disciplina con rigore, per evitare di ricadere nel rigorismo di conclusioni affrettate, altrettanto pericolose per l'accertamento della verità dei fatti contestati". Pane al pane, vino al vino: la posizione di Anatrella senza giri di parole invita i vescovi, se non a farsi i fatti propri, a valutare con grande attenzione le singole situazioni. Una posizione esplicita e identica a quella della Cei, ma rimbalzata con fragore sulla stampa (solo quella anglosassone), che ha sottolineato la distanza tra le promesse di "tolleranza zero" del nuovo corso bergogliano e le difficoltà di declinarle e imporle nei documenti ufficiali e nella cultura delle gerarchie.

Un polverone, quello provocato dalle parole di Anatrella, che ha costretto il cardinale Sean O'Malley, capo della Commissione antipedofilia voluta dal Papa, a mettere le mani avanti, e a intervenire subito dopo la stampa delle lezioni del corso, dichiarando che "al di là dei vincoli del diritto civile, abbiamo tutti la responsabilità morale ed etica di denunciare gli abusi presunti alle autorità civili che hanno il compito di proteggere la nostra società". Parole che molti hanno considerato un'*excusatio non petita*: fin quando il Vaticano e il papa non emetteranno un atto formale con il quale costringono tutte le conferenze episcopali del pianeta a inserire nelle linee guida l'obbligo alla denuncia, ognuno potrà comportarsi come meglio crede. E continuare a tacere.

Per la cronaca, il gesuita Anatrella è autore della voce "Omosessualità e Omofobia" sul Lexicon, il dizionario teologico-enciclopedico vaticano (dove si legge che la prima rappresenta "un intrigo psichico che la società non può istituzionalizzare" e la seconda una parola inventata "per stigmatizzare tutti quelli che si interrogano sulla omosessualità" dal punto di vista etico), e in Francia è una star. Considerato esperto della teoria "gender" e da sempre agguerrito censore delle unioni civili e dei principi libertini della comunità LGBT, è tornato a far parlare di sé sui giornali transalpini qualche mese fa. Se già una quindicina di anni fa un suo ex seminarista, Daniel Lamarca, sostenne di essere stato in analisi dal monsignore per tentare di "guarire" la sua omosessualità, raccontando però che le terapie corporali con il teologo spesso e volentieri si trasformavano in rapporti sessuali ("Calunnie", replicò indignato Anatrella), stesse identiche denunce sono arrivate nel maggio del 2016 da altre quattro presunte vittime. Che hanno lanciato accuse sia attraverso un programma d'inchiesta del telegiornale TF1 sia al cardinale André Vingt-Trois, attuale arcivescovo di Parigi. Due ragazzi ventenni, in forma anonima, hanno accettato di parlare davanti alle telecamere. Uno di loro ha descritto atti sessuali espliciti avvenuti durante la psicoterapia, e ha spiegato che padre Anatrella gli chiedeva spesso di immaginare situazioni scabrose, spingendolo "a sviluppare desideri di attrazione per i maschi. In diverse situazioni mi ha invitato a sospendere i rapporti con le donne per concentrarmi sul rapporto con lui".

In una nota ufficiale, invece, l'arcivescovo ha dapprima ammesso di aver ricevuto tramite due sacerdoti, nel 2014 e nell'aprile 2016, due nuove testimonianze dei comportamenti discutibili del monsignore, poi ha invitato i presunti pazienti abusati a metterci la faccia abbandonando l'anonimato: "Non essendo in grado di agire su dichiarazioni anonime, il cardinale ha invitato i sacerdoti a incoraggiare le persone a stabilire un contatto ufficiale e presentare una denuncia [alle autorità giudiziarie]". Padre Tony, su cui non è stata aperta alcuna indagine canonica, resta indiscusso leader intellettuale del "rischio gender" in Vaticano: "Sconvolgere l'identità sessuale è premessa per le ideologie totalitarie", spiegava ad "Avvenire" nel 2015. "Una deriva culturale, sostenuta da una lobby intellettuale e politica potentissima, rischia di minare alle radici le basi stesse della civiltà occidentale. Si apre la strada al totalitarismo." Le idee di don Anatrella sembrano seguite con attenzione anche da papa Francesco, gesuita come il teologo, che nell'ottobre del 2016, durante un viaggio pastorale a Baku e Tbilisi, ha armato un sermone fatto a braccio con parole incendiarie: "C'è un grande nemico oggi del matrimonio: la teoria del gender. Oggi c'è una guerra mondiale per distruggere il matrimonio. Ma non si distrugge con le armi, si distrugge con le idee: ci sono colonizzazioni ideologiche che distruggono. Pertanto bisogna difendersi dalle colonizzazioni ideologiche". Per poi condannare "la cattiveria che oggi si fa con l'indottrinamento della teoria gender... Mi ha raccontato un papà francese, di una famiglia cattolica, che un giorno a tavola parlando con i figli chiese al ragazzo di dieci anni che cosa avrebbe voluto fare da grande. 'La ragazza!' E il papà si è accorto che nei libri dei collegi si insegnava la teoria del gender. E questo è contro le cose naturali". Ovviamente il ministro dell'Educazione francese Najat Vallaud-Belkacem, gli editori francesi dei sussidiari e tutti i sindacati degli insegnanti hanno negato che nei programmi scolastici si insegni la cosiddetta teoria del gender: "Mi dispiace per queste parole quanto meno superficiali e infondate. Anche lui è vittima della campagna di disinformazione portata avanti dagli ambienti reazionari," ha tagliato corto Vallaud-Belkacem.

I bad boys della Liguria

"Il Santo Padre ha accettato la rinuncia al governo pastorale della diocesi di Albenga-Imperia presentata da Sua Eccellenza monsignor Mario Oliveri. Gli succede Sua Eccellenza Guglielmo Borghetti." Il comunicato della sala stampa del Vaticano del primo settembre 2016 sembra da archiviare come una notizia di routine. Solo perché non rivela come don Oliveri, padrone incontrastato della chiesa di Albenga per ventisei anni, prete ipertradizionalista appassionato di messe preconciliari in latino e paramenti sontuosi, fosse riuscito a mettere in piedi negli anni in pochi chilometri quadrati una collezione di bad boys da guinness dei primati. Nell'ambito della sua diocesi pregano e risiedono don Paolo Piccoli, definito dal "Corriere della Sera" "un feticista degli oggetti sacri" che nell'agosto 2016 è stato rinviato a giudizio perché i pm dell'Aquila credono che abbia strangolato e ucciso un altro sacerdote, il suo ex segretario personale don Sandro Marsano, passato da Albenga a Napoli, arrestato nel 2013 e poi condannato dalla Corte dei Conti a pagare oltre 19 milioni di euro insieme a Massimo De Caro per aver sottratto centinaia di libri antichi alla Biblioteca dei Girolamini (nel novembre del 2016 è stato rinviato a giudizio per la stessa vicenda anche l'ex senatore berlusconiano Marcello Dell'Utri), preti condannati per molestie e abusi sessuali su ragazzini e adolescenti come don Francesco Zappella e don Luciano Massaferro, oltre a sacerdoti diventati famosi nella comunità per essersi tatuati dalla testa ai piedi, ad altri che vivevano in compagnia di amici assai intimi, a preti che benedicevano i fedeli di giorno e frequentavano le saune gay di Nizza e Mentone subito dopo il confine francese di notte, e alcuni – i più intransigenti con i costumi dei fedeli – dai soprannomi curiosi, come "la regina degli autogrill".

"La folle storia della diocesi inizia nel 1990, quando monsignor Mario, dopo una rapida carriera diplomatica in Senegal, Francia, Inghilterra, viene promosso vescovo ad Albenga. Lui è tendenzialmente buono, e ha chiamato soggetti dimessi da altre parrocchie e seminari, quasi tutti caratterizzati da un taglio dottrinario tradizionalista, conservatore. Dietro quest'immagine severa, però, qualcuno nascondeva una natura molto diversa," racconta un vescovo che chiede l'anonimato e che ha letto con attenzione il dossier presentato in Vaticano dal visitatore apostolico padre Adriano Bernardini. "Il papa lo conosce dal 2014. Ma non ha avuto il coraggio di forzare la mano con lo stesso imperio con cui allontanò il vescovo conservatore di Ciudad del Este Rogelio Livieres che, accusato di coprire un sacerdote abusatore e di una gestione discutibile del seminario locale, rifiutandosi di dimettersi, fu cacciato d'ufficio. Per convincere Oliveri a lasciare il Vaticano invece ci ha messo due anni. Lui a Roma ha molti amici potenti."

A Pietra Ligure vive don Renato Giaccardi, che ha patteggiato anni fa qualche mese di carcere per induzione alla prostituzione: ex insegnante di Mondovì, era stato arrestato nel 2005. Ma nella zona celebrava messa anche don Italo, fermato a Lugano anni fa per atti osceni su fanciulli, e don Zappella, cinquantasettenne sacerdote, originario di Covo, vicino Bergamo, di cui circolano sul web foto con un ignaro papa Francesco: fu ammesso al seminario di Albenga nel 1991 pochi mesi dopo una condanna in primo grado con rito abbreviato a quattordici mesi per atti di libidine su due ragazzini. Solo dopo che la notizia divenne di dominio pubblico, l'attuale vescovo ha deciso di aprire il processo canonico rimuovendolo dalla parrocchia. Da quelle parti ci sono anche il parroco di Dolcedo don Carmelo Licciardello, indagato dalla procura di Savona sia per appropriazione indebita che per circonvenzione d'incapace, e altri sacerdoti che non sempre seguono la retta via. Il vescovo racconta, facendo nomi e cognomi, altre incredibili storie: "Le assicuro che, se i pedofili sono pochi, qui di omosessuali praticanti ce n'è a bizzeffe. Qualche mese fa un prete ci provò con un imbianchino che gli stava ridipingendo casa, l'operaio si sentì aggredito e fuggì via sconvolto. Un altro parroco che tiene messa vicino Imperia, gay ed ex lefebvriano, in pratica un supertradizionalista, una sera ha litigato in casa sua con il suo concubino, dimenticandosi che stava ospitando un monsignore venuto da fuori: hanno urlato così forte che l'ospite è scappato a notte fonda per la paura; un altro, che qui chiamiamo la 'regina di ori di Ofir', ha avuto un rapporto consenziente con un suo parente sedicenne, e ora si è fidanzato con un geometra del posto. C'è un ministro di Dio, a Loano, che è stato denunciato per aver fatto pesanti apprezzamenti durante la processione di San Giovanni alla bella moglie di un comandante della Marina Militare. Don Oliveri ha accolto pure il frate cappuccino Alfonso Parente, diventato famoso nel 2000 per aver cantato *Che giorno sarà* al Festival di Sanremo e per essere finito nei guai due anni dopo a causa di una truffa ingegnata da lui e altri complici per spillare soldi ai fedeli di padre Pio".

Ma è un'altra, per lui, la storia più difficile da raccontare. È quella di Luciano Massaferro, ex parroco della chiesa di San Vincenzo di Alassio, che è stato inguaiato dal racconto di una chierichetta undicenne che frequentava l'oratorio. Condannato nel 2012 in via definitiva a sette anni e mezzo di reclusione perché, durante un viaggio in motorino per andare a benedire le case in collina prima della Pasqua, "informava la bambina di essere nudo sotto la tonaca inducendola ad afferrargli e stringergli il pene, dicendole che più forte avesse stretto più veloce sarebbe andato il ciclomotore", si è sempre detto innocente. Anche la Chiesa, nonostante tutto, non lo ha mai abbandonato: don Luciano è ancora un prete a tutti gli effetti, e il processo canonico sembra procedere con estrema lentezza. "Molti di noi credono che la bimba sia stata plagiata e abbia raccontato frottole: mi dica com'è possibile indossare il camice bianco, che è un paramento liturgico trasparente, in scooter... un abito leggerissimo che rischia di volare via... Le sentenze sono basate su questo e altri racconti implausibili, ma i giudici li hanno ritenuti credibili," scuote la testa il vescovo.

Il passaggio di consegne tra Oliveri e il suo successore Borghetti è avvenuto con garbo, in modo da non destare scandalo. Il cambio non è stato motivato dai "motivi gravi" che molti si attendevano. Anzi: il vescovo emerito è stato salutato con affetto e gratitudine dal cardinale Ouellet, prefetto della Congregazione per i vescovi, che lo ha invitato a contribuire "con le sue parole e i suoi gesti, notoriamente ispirati alla bontà, dalla cristiana carità e dalla saggezza pastorale, al rasserenamento degli animi, al mantenimento della pace nei cuori dei sacerdoti e dei fedeli di codesta comunità". Auspici subito accettati da don Oliveri; in queste terre i preti a lui fedeli sono la maggioranza, e dalla pensione sa che può ancora influire sulle dinamiche della curia locale. Anche se qualcuno continua a dargli noie: "Il Fatto Quotidiano" ha pubblicato nell'ottobre del 2016 il verbale di don Filippo Bardini, un prete da lui stesso ordinato che, davanti ai magistrati di Savona incaricati di indagare sulle prodezze di un altro prete, don Nello Giraudo, disse, letteralmente, che "il vescovo Oliveri paga sistematicamente per avere prestazioni sessuali nel suo studio. Che io sappia si tratta di maggiorenni, i quali in cambio delle prestazioni sessuali ottengono soldi. Sono soggetti che vanno per un aiuto, e poi subiscono le pesanti richieste del vescovo". Racconto, ovviamente, da prendere con le pinze: se non risulta che il vescovo abbia querelato il suo vecchio allievo, i pm non hanno, mentre scriviamo, indagato ancora nessuno.

Il caso Calcagno

La storia di don Giraudo, e il corollario di violenze e omertà sistematiche che la circonda, è venuta alla luce grazie alle denunce di una delle vittime, Francesco Zanardi, diventato poi presidente della onlus Rete L'Abuso. Il sacerdote, quando incontra Zanardi, è un predatore con una carriera di tutto rispetto alle spalle: sembra infatti aver cominciato a molestare ragazzini già negli anni ottanta, quando viveva in una parrocchia di Valleggia, vicino Savona. I vertici ecclesiastici sanno tutto in tempo reale: come si legge su una scheda interna del 2003 della diocesi della città ligure (al tempo il vescovo era l'attuale cardinale Domenico Calcagno), firmata dal vicario monsignor Andrea Giusto, "mentre don Nello era viceparroco a Valleggia si è verificato il primo, serio inconveniente: insegnante di religione nelle statali, è stato accusato da una mamma di atteggiamenti morbosi nei riguardi del suo bambino, tenuto sulle ginocchia e palpato in modo difficilmente precisabile. Il fatto allarmante ha spinto il vescovo [al tempo era monsignor Giulio Sanguineti] ad allontanarlo immediatamente sia dalla scuola che dalla parrocchia". Don Nello viene semplicemente spostato di pochi chilometri, prima a Spotorno, dove le violenze continuano su un gruppo di scout frequentato proprio dal piccolo Francesco, poi diventa parroco di Feglino.

Lì ha un'idea per combattere quella che il report definisce una "sua dolorosa solitudine": accogliere e ospitare nella grande casa canonica del paese i ragazzi che provenivano da famiglie in difficoltà. Un progetto che con gli anni cresce nelle sue mani: senza alcun permesso ufficiale il prete fonda la comunità La Lanterna. Nessuno fa nulla per fermarlo. L'allora neovescovo Dante Lafranconi, continua la nota, "lo aveva invitato alla prudenza e a ritirarsi dall'impresa. D'altra parte non gli veniva mai riferito nulla di concreto: solo voci e insinuazioni". Epperò per lustri i ragazzini vengono abusati. Zanardi dice di aver subito un centinaio di molestie, altri ragazzi, intervistati nel 2013 dalle *Iene*, descrivono atti di libidine identici. Hanno al tempo tutti undici, tredici, quattordici anni, e non hanno il coraggio di raccontare nemmeno a loro stessi le umiliazioni subite.

Nel marzo del 2002 Calcagno diventa il nuovo capo della diocesi. Non è un prete qualunque: chiamato monsignor Rambo per la sua passione per le armi da fuoco (colleziona fucili Remington, pistole Smith&Wesson, carabine di fabbricazione turca), farà in tre lustri una carriera straordinaria, diventando una delle porpore più potenti del Vaticano. Oggi Calcagno è uno dei pochi ex bertoniani ad essere riuscito a mantenere la sua poltrona. E che poltrona: quella di presidente dell'Apsa, l'ente che amministra tutti i beni, finanziari e immobiliari, della Santa Sede. Francesco lo ha tenuto in sella seppure tutti, in curia, sappiano bene che davanti al caso di don Giraudo ha fatto poco. Troppo poco: "Calcagno", scrive ancora il suo vicario, monsignor Giusto, "intuisce il pericolo a cui don Nello si espone, e riceve le confidenze allarmate di un assistente sociale che gli comunica che vari comuni hanno deciso di non affidare altri ragazzi alla comunità. Anche i responsabili della Caritas mettono in guardia monsignor Calcagno. Il vescovo allora chiede ufficialmente a don Nello di chiudere la comunità e gli propone la parrocchia di Finalborgo. È la primavera del 2003 e don Nello entra in crisi". Secondo il braccio destro di Calcagno, infatti, il pedofilo non si "sentirebbe pronto" per diventare responsabile di una parrocchia più grande. È in quei giorni che la situazione precipita: don Nello prima si presenta a Calcagno con dei lividi sul volto ("tracce di una violenta scenata di gelosia", ipotizza don Giusto) e poi ammette ai superiori "di aver provato sgomento quando, crescendo, scopre di provare attrazione per i ragazzi e non per le ragazze. Attualmente, estate 2003, nulla è trapelato sui giornali, e non ci sono denunce in corso. Don Nello ha chiuso la comunità e lasciato la parrocchia. È affidato a un confratello di cui accetta l'aiuto e il controllo".

Il cardinale Calcagno informa quell'anno la Congregazione per la dottrina della fede del comportamento del prete, allegando il curriculum vitae e la nota del suo vicario al cardinale Joseph Ratzinger, al tempo prefetto della Congregazione. "Eminenza, presento con animo colmo di sofferenza il caso riguardante don Nello Giraudo. Allego descrizione del suo curriculum vitae redatto dal vicario generale monsignor Giusto [...] Chiedo la cortesia di un consiglio circa l'atteggiamento da tenere, intendendo il sacerdote continuare con un impegno pastorale. Per quanto possibile, intendo evitare che abbia comunque responsabilità che lo mettano a contatto di bambini e adolescenti. Devotissimo in Cristo Signore. Domenico Calcagno."

"Per quanto possibile": mentre il Sant'Ufficio apre un fascicolo, monsignor Rambo nomina il prete cappellano del carcere con l'incarico di "aiuto pastorale" alla parrocchia di Vezzi. Due anni dopo, nell'estate del 2005, un altro fattaccio: durante un campo scout a Vara, don Giraudo molesta un ragazzo minorenne, Filippo F. Stavolta al parroco va male: la vittima infatti decide di denunciare il prete alla polizia. Don Nello nel 2012 patteggia un anno con la condizionale. Se i vertici della Chiesa, dal papa emerito Ratzinger a Calcagno passando per vescovi e colleghi, avessero preso provvedimenti in tempo, quando la malattia del prelato era a loro nota con chiarezza, questo caso sarebbe stato probabilmente evitabile.

Solo nel 2006, infatti, la Congregazione e Calcagno provano a convincere don Giraudo a chiedere (spontaneamente) la dispensa da tutti gli oneri sacerdotali. Per altri quattro anni, però, non si muove una foglia. Una lettera del 2010 firmata dal segretario dell'ex Inquisizione Luis Ladaria Ferrer al nuovo vescovo Vittorio Lupi, successore di Calcagno dal 2007, evidenzia come "Giraudo fu denunciato nel 1980 per abuso di minori, e nel 2002 manifestava al vicario generale la propria tendenza pedofila. Essendo ormai trascorsi quattro anni da quando (Calcagno) fu invitato ad avvicinare il chierico per chiedergli se intendesse domandare al Santo Padre la dispensa da tutti gli oneri sacerdotali, la invito a voler cortesemente informare questo dicastero sull'evoluzione del caso".

La risposta del nuovo vescovo arriva a stretto giro, nel maggio del 2010: "Eccellenza Reverendissima, premetto che le accuse sull'operato di don Nello riguardano fatti avvenuti molto prima della mia nomina a vescovo di Savona. Le informazioni le ho avute dal mio predecessore, monsignor Calcagno, e solo in un secondo momento da Francesco Zanardi, che sostiene di essere vittima delle attenzioni del sacerdote in questione. Ho suggerito a don Nello nell'agosto 2009 di autosospendersi dal ministero per ripensare, libero da impegni sacerdotali, in una prospettiva diversa la sua vita e il suo avvenire. Nel frattempo Francesco

Prot. N. C9/03   Savona, 08-09-2003

Eminenza Reverendissima
                         presento con animo colmo di sofferenza il caso riguardante don Nello Giraudo, Sacerdote di questa Diocesi.
Allego descrizione del suo curriculum vitae redatto dal Vicario Generale, Mons. Andrea Giusto.
Al momento il Sacerdote in questione ha lasciato la Parrocchia di Feglino ed ha chiuso la comunità alloggio 'La Lanterna' su mia richiesta. Attualmente è trasferito nella Parrocchia di Noli ed è affidato al Sacerdote ▓▓▓▓▓▓▓▓.
La documentazione allegata permetterà di conoscere meglio i dettagli: chiedo la cortesia di un consiglio circa l'atteggiamento da tenere, intendendo il Sacerdote continuare con un impegno pastorale. Per quanto possibile, intendo evitare che abbia comunque responsabilità che lo mettano a contatto di bambini o adolescenti.
Ringrazio sentitamente e porgo devoti sentimenti di ossequio.

                                        Dev.mo in Cristo Signore
                                        [firma]
                                        + Domenico Calcagno

A Sua Eminenza Reverendissima
Sig. Card. Joseph Ratzinger
Prefetto della Congregazione
Per la dottrina della fede
Piazza del S. Uffizio, 11
00120 CITTA' DEL VATICANO

La lettera con cui il cardinale Calcagno informa il cardinale Ratzinger del caso di don Nello Giraudo.

Zanardi rendeva noto di aver formalmente denunciato don Nello all'autorità giudiziaria, e dava il via a una campagna di stampa mediatica... Ho chiesto allora a don Nello di presentare domanda per la dimissione dallo stato clericale. Tale domanda mi è stata presentata a marzo 2010".

Intanto i magistrati, dopo la denuncia di Zanardi, cominciano a indagare di nuovo. I reati sono tutti prescritti, ma il decreto di archiviazione del giudice Fiorenza Giorgi nei confronti del presunto "reato di omissione in ordine a reati di violenza sessuale a danno di minore" pubblicato nel 2012 mette qualche puntino sulle "i" in merito alle coperture e all'irresponsabilità delle gerarchie: "Non vi è dubbio che (il vescovo) Lafranconi fosse a conoscenza delle gravi condotte addebitate al Giraudo e, nonostante spettasse a lui tutelare la comunità dei fedeli e in special modo i minori, che venivano a contatto con don Nello, si guardò bene dall'assumere qualsivoglia iniziativa volta a evitare che questi continuasse nelle sue esecrabili condotte, addirittura consentendogli di gestire una comunità per minori con difficoltà familiari e, per ciò stesso, particolarmente fragili e privi di protezione. Le prime iniziative dirette a tutelare la comunità dei fedeli furono assunte, sia pure a malincuore, soltanto da monsignor Calcagno, il quale impose a don Giraudo la chiusura della comunità e nel trasferirlo ad altro incarico dispose che non avesse contatto con i minori". Un tentativo forse troppo morbido, dato che, come abbiamo visto, nel 2005 il pedofilo, in un campo scout, violò nuovamente il sesto comandamento con un diciassettenne. Perché nessuno del clero parlò con la magistratura? Come mai, nonostante lo scandalo dei preti lussuriosi americani e irlandesi fosse da anni su tutti i giornali, il predatore fu trattato con i guanti di velluto? Il giudice, che ha letto e analizzato i documenti segreti rinchiusi a doppia mandata nell'archivio della diocesi e sequestrati durante le indagini, dà una possibile risposta: "Da tali documenti risulta – è triste dirlo – come la sola preoccupazione dei vertici della curia fosse quella di salvaguardare l'immagine della diocesi piuttosto che la salute fisica e psichica dei minori che erano affidati ai sacerdoti della medesima. Altrettanto triste è osservare come, a fronte della preoccupazione per la 'fragilità' e la 'solitudine' del Giraudo e il sollievo 'che nulla è trapelato sui giornali', nessuna espressione di rammarico risulta dai documenti a favore degli innocenti fanciulli affidati alle cure del sacerdote e rimasti vittime delle sue attenzioni".

Don Giraudo, ormai autospretatosi, vive facendo il lavapiatti. Monsignor Giusto è stato nominato "vicario episcopale per la vita consacrata". Il vescovo Lafranconi è stato titolare per anni, dopo quella di Savona, della diocesi di Cremona, di cui ha mantenuto il governo fino al 16 novembre del 2015, quando è andato in pensione con tutti gli onori per raggiunti limiti di età. Stessa sorte per monsignor Lupi, oggi vescovo emerito di Savona. Monsignor Calcagno è capo assoluto dell'Apsa. Vive tra Roma e un casale che ha ristrutturato nella tenuta di San Giuseppe, di proprietà del suo ente. Da maggio 2016 è indagato per malversazione riguardo alla gestione di alcuni immobili dell'Istituto di sostentamento del clero della diocesi di Savona. "Sono tranquillo," ha detto.

4.
La lobby gay

Una "cupola" omosessuale in Vaticano? "Effettivamente mi fu indicato un gruppo, che nel frattempo abbiamo sciolto. Era appunto segnalato nel rapporto della Commissione di tre cardinali che si poteva individuare un piccolo gruppo di quattro, forse cinque persone. L'abbiamo sciolto. Se ne formeranno altri? Non lo so. Ma la Santa Sede non pullula certo di casi simili." Parola di Benedetto XVI.

L'ammissione di Joseph Ratzinger, pubblicata nel settembre del 2016 come frase finale del suo ultimo libro-intervista al suo biografo Peter Seewald, è passata quasi sotto silenzio. Eppure ha enorme rilievo. Perché il papa emerito per la prima volta spazza via ipocrisie, smentite fasulle e rettifiche impacciate con cui la sala stampa e autorevoli esponenti della Santa Sede hanno reagito, negli ultimi anni, alle indiscrezioni e alle inchieste della stampa. Pur minimizzandone la portata, secondo Benedetto XVI una cordata di monsignori e di laici tenuta insieme dalla passione per gli affari e dal medesimo orientamento sessuale aveva davvero messo radici in Vaticano. E, aggiungono a chi vi scrive autorevoli fonti interne, nuovi gruppi continuano a lavorare Oltretevere creando reti incentrate, più che sugli interessi di Santa Romana Chiesa, su quelli dei propri adepti.

Naturalmente, se una lobby si forma sotto l'egida dell'omosessualità o sulla base di altri interessi personali e affinità, non aggiunge e non toglie nulla alla sua forza, alla sua influenza ed eventuale pericolosità. Questo, almeno, dal punto di vista di osservatori laici, che guardano alla questione sessuale al di fuori della dottrina ufficiale della Chiesa. Ma, come vedremo in questo capitolo, per chi segue la morale del catechismo o vive all'interno delle istituzioni vaticane i comportamenti privati non sono materia di preferenza personale: sono questioni morali decisive. E quando le lezioni professate *ex cathedra* non si accordano con i vissuti individuali a farne le spese sono la coerenza, la credibilità e l'autorità stessa della Chiesa.

Ma andiamo con ordine. Di tensioni e ricatti in curia e di una lobby omosessuale che tenta di influenzare le decisioni dei cardinali e i destini della Chiesa si cominciò a discettare subito dopo il "gran rifiuto" di Ratzinger al soglio pontificio. Dopo il primo Vatileaks, la fuga di notizie e i documenti riservati finiti sui giornali e nel libro di Gianluigi Nuzzi *Sua Santità* del 2012, tre cardinali furono incaricati di indagare a fondo, per individuare eventuali responsabilità e la genesi di quell'enorme scandalo, incentrato sulla sottrazione di carte riservate di Benedetto XVI da parte del suo maggiordomo, Paolo Gabriele. Per otto mesi i porporati Julián Herranz Casado (un canonista dell'Opus Dei), Jozef Tomko (un cardinale slovacco, oggi novantenne, che ai tempi di Wojtyla era stato numero uno del controspionaggio vaticano) e Salvatore De Giorgi, coadiuvati da un segretario, effettuarono un'indagine capillare basata su interviste a un centinaio di persone tra altissimi prelati, arcivescovi, vescovi, semplici sacerdoti e laici che lavorano nei dicasteri. Il risultato: una corposa e devastante "Relatio" che, partendo dalla vicenda Vatileaks, traccia un disegno impietoso sullo stato della corrotta curia romana. I due voluminosi faldoni con le conclusioni sono stati consegnati a Benedetto XVI prima del Natale 2012, e poi girati nelle mani del nuovo papa argentino subito dopo la sua elezione.

Solo cinque persone, in teoria, hanno avuto diretto accesso agli atti, che – chiusi a doppia mandata nella cassaforte di Francesco – sono considerati così delicati da non essere stati depositati nemmeno nell'inaccessibile Archivio segreto del Vaticano, un bunker scavato da Paolo VI nel sottosuolo di uno dei cortili dei musei papalini. Eppure, durante il conclave che ha eletto Bergoglio, i cardinali inquirenti hanno avuto il permesso di trasmettere informazioni sensibili a tutti i grandi elettori che ne facevano richiesta, un accesso accordato da Benedetto XVI affinché tutti potessero avere i dettagli necessari per scegliere il miglior candidato possibile per il soglio petrino.

Qualcuno di loro, nonostante il segreto pontificio apposto sulle carte, ha però parlato. Notizie sensibili e ragguagli sono arrivati alla stampa. E all'inizio del 2013 le prime indiscrezioni giornalistiche hanno riportato di riferimenti espliciti a lobby gay all'interno di uno dei capitoli della "Relatio", ipotizzando ricatti, minacce e favoritismi nelle carriere ecclesiastiche basati sull'orientamento sessuale e su business inconfessabili.

Il Vaticano ha bollato immediatamente le ricostruzioni come pure invenzioni, fantasie, illazioni, fandonie costruite ad arte per condizionare il conclave. Di fatto, "un complotto ordito da forze oscure" per indebolire la Chiesa. L'allora segretario di Stato Tarcisio Bertone, in una nota durissima scritta in seguito a una doppia fuga di notizie pubblicata su "Repubblica" e "Panorama", davanti all'ipotesi di presunte e potenti lobby gay denunciate dall'inchiesta cardinalizia attaccò a testa bassa spiegando quanto fosse "deplorevole la diffusione di notizie spesso non verificate, o non verificabili, o addirittura false, anche con grave danno di persone e istituzioni", mentre padre Lombardi bollò i giornalisti e le loro fonti come gruppi di pressione in grado di "seminare confusione e gettare discredito sulla Chiesa e sul suo governo, ricorrendo a strumenti antichi come la maldicenza, la disinformazione, talvolta la stessa calunnia".

Nessuno allora ricordò che qualche mese prima era stato proprio un prete e teologo polacco, Dariusz Oko, al tempo dottore di ricerca del dipartimento di Filosofia dell'Università pontificia Giovanni Paolo II di Cracovia, a ipotizzare in un lungo saggio la presenza di una lobby gay che "avvelena la Chiesa".

Il professore tradizionalista denuncia in effetti "infiltrazioni" di soggetti in tonaca capaci di incidere pesantemente su nomine e promozioni interne, sulla base dei propri legami "deviati" e di interessi sessuali, grazie a un meccanismo di mutuo soccorso condito da ricatti e omertà. Un fenomeno interno le cui origini, si legge nello studio pubblicato su riviste come la tedesca "Theologisches", sono da ricercare negli anni sessanta. "Dopo il Concilio vaticano II, ai tempi della rivoluzione sessuale del 1968, la teologia cattolica ha cominciato ad accettare le idee che prima erano considerate estranee al magistero della Chiesa e alla morale tradizionale," chiarì don Oko in alcune dichiarazioni pubbliche. "L'omosessualità smise di essere contro la legge naturale e contro la Rivelazione. Questo modo di pensare si è infiltrato in tanti seminari e monasteri nel mondo. Lo scandalo degli abusi sessuali su minorenni, esploso negli Stati Uniti, è in gran parte dovuto a preti gay," aggiunge il teologo mettendo in relazione (in modo inaccettabile secondo chi vi scrive) pedofilia criminale e omosessualità. Nel suo confuso studio Oko ipotizza anche l'esistenza di una strutturata rete di protezione della lobby: "Quando il vicecancelliere o un altro superiore cerca di rimuoverli, può andare a finire che si trovino rimossi proprio loro, invece degli omo-seminaristi. O quando un vicario cerca di proteggere i giovani da un prete che li molesta, può accadere che sia il vicario a essere punito... Bisogna sostenere gli sforzi fatti da Benedetto XVI. In futuro non bisogna permettere l'ordinazione di uomini con qualsiasi tendenza omosessuale (anche se transitoria) e neppure la loro ammissione in seminario. I gay già sacerdoti devono vivere in castità e cessare ogni azione contro il bene della persona umana e della Chiesa, cessare ogni azione di carattere mafioso e soprattutto atteggiamenti di rivolta contro il Santo Padre e la Santa Sede". Nessuno in Vaticano, quando fu pubblicato lo studio del teologo omofobo, smentì l'esistenza della lobby denunciata, nessuno mise alla berlina la sua analisi.

Una disamina violenta ma come vedremo affine, da un punto di vista teologico, alla dottrina ufficiale di Santa Romana Chiesa e lontanissima sia dalla prevalente concezione dell'omosessualità nella società contemporanea, sia dalla realtà di una Chiesa fatta di uomini. Con il rischio e la contraddizione implicita per cui, quando i comportamenti privati dei preti diventano peccati inconfessabili, devono essere per forza negati, nascosti, e, magari, protetti dall'omertà o dalla connivenza.

"In Vaticano c'è una lobby gay talmente potente da essere pericolosa per la sicurezza del pontefice," ha sentenziato nel 2014 Elmar Mäder, dal 2002 al 2008 comandante delle Guardie svizzere, l'esercito che deve difendere con alabarde e sistemi ipertecnologici la sicurezza dei pontefici. E ci risiamo: Mäder non è infatti l'ultimo arrivato, ma un ufficiale svizzero di cinquantatré anni che ha vissuto all'interno della Santa Sede durante i pontificati di Giovanni Paolo II e Benedetto XVI. Le sue parole fanno seguito a quelle pronunciate da un suo ex commilitone, che al giornale svizzero "Schweiz am Sonntag" raccontò episodi boccacceschi di telefonate notturne da parte di vescovi e cardinali con esplicite richieste sessuali, regali ricevuti (come una bottiglia di whisky con relativo numero di telefono del vescovo lasciati nella portineria all'ingresso di Porta Sant'Anna), inviti a cena "in cui mi dicevano che sarei stato il 'dessert' della serata", palpamenti da parte di esponenti della segreteria di Stato. E grandi difficoltà, per coloro che rifiutavano le avance, di fare carriera nel corpo militare del papa. Il ragazzo ha preferito mantenere l'anonimato, ma le sue accuse sono state avallate da Mäder qualche settimana più tardi. "Dell'esistenza di quella lobby posso parlare per esperienza personale, ho sempre detto ai miei uomini di stare alla larga da certi monsignori. Il problema è che questa rete è composta di persone talmente fedeli, l'una all'altra, da costituire una sorta di società segreta. Per questo motivo se avessi scoperto che uno dei miei uomini era gay, mai e poi mai gli avrei consentito di fare carriera: anche se per me l'omosessualità non costituisce un problema il rischio di slealtà sarebbe stato troppo elevato."

Oltre a fare infuriare le associazioni omosessuali che contestano l'intrinseca omofobia nell'associazione tra le parole "lobby" e "gay", contro l'ex comandante delle Guardie svizzere è intervenuto con tutta la sua autorevolezza anche monsignor Giovanni Angelo Becciu, il numero due della segreteria di Stato, che ha urlato la sua indignazione affermando come, per l'ennesima volta, "si parla dell'esistenza di una lobby gay senza fare nomi e cognomi. Troppo facile. Elmar sa bene che le dicerie, per non dire le calunnie, vanno sempre circostanziate e provate".

Povero monsignor Becciu: mai poteva immaginare che l'arcivescovo honduregno Óscar Rodríguez Maradiaga, uno dei più vicini collaboratori del papa, avrebbe ammesso anche lui, nel 2016, l'esistenza della "lobby gay" evocata da Elmer, "una lobby che il papa sta cercando di purificare", e che qualche mese più tardi Ratzinger avrebbe confessato l'esistenza di una "lobby omosessuale" formata da "varie persone". Nonostante gli inviti di Becciu all'ex comandante, anche Benedetto XVI ha preferito non fare nomi e cognomi.

E papa Francesco? Cosa dice lui della lobby gay? Sorprendentemente è stato lo stesso Bergoglio, a causa di un mero errore di comunicazione, ad ammettere che la "lobby gay in Vaticano esiste", eccome. È il 6 giugno del 2013. Il papa – durante un incontro privato con sei delegati della Clar, la confederazione di religiosi latinoamericana e dei Caraibi – a una domanda sulle condizioni morali in cui aveva trovato la curia di Roma e su quali difficoltà avesse incontrato per attuare una riforma strutturale dell'organizzazione, rispose secco: "Sì, è difficile... nella curia c'è gente santa, santa davvero. Ma esiste anche una corrente di corruzione, anche questa esiste. È vero. Si parla di una lobby gay, ed è vero. È lì... Ora bisogna vedere cosa possiamo fare al riguardo".

Un'ammissione choc che sarebbe dovuta rimanere chiusa tra le mura che avevano ospitato la chiacchierata informale: il colloquio era infatti riservato. Ma i religiosi cattolici della Clar, per ingenuità o insipienza, hanno deciso di trascrivere la conversazione avuta con il pontefice, girando la sintesi della riunione al sito cileno "Reflexión y Liberatión", che pubblicò ogni frase, comprese quelle scandalose sulla "lobby omosessuale". L'incidente mediatico scatenò l'inferno. Perché in Vaticano si smentisce tutto e il contrario di tutto, ma non certo le dichiarazioni rese dal successore di Pietro davanti a testimoni.

Un mese dopo, nel luglio del 2013, Francesco tornò sul tema durante un'intervista fiume su un volo di rientro in Vaticano da un viaggio in Brasile. "Si scrive tanto della lobby gay. Io ancora non ho trovato chi mi dia la carta d'identità in Vaticano con scritto 'gay'. Dicono che ce ne sono. Credo che quando uno si trova con una persona così, deve distinguere il fatto di essere una persona gay, dal fatto di fare una lobby, perché le lobby, tutte le lobby, non sono buone. Quello è cattivo. Se una persona è gay e cerca il Signore e ha buona volontà, ma chi sono io per giudicarla? Il catechismo della Chiesa cattolica spiega in modo tanto bello questo, ma dice: 'Non si devono emarginare queste persone per questo, devono essere integrate in società'. Il problema non è avere questa tendenza, no. Il problema è fare lobby di questa tendenza: lobby di avari, lobby di politici, lobby dei massoni, tante lobby. Questo è il problema più grave per me." Una dichiarazione che fu letta come prima, grande apertura di un pontefice agli omosessuali.

Ma che, con altrettanta fedeltà al suo contenuto, si può considerare come l'ennesima ammissione della presenza di lobby di monsignori "marchiati" da quello che la Chiesa considera ancora oggi un disturbo, una malattia, un peccato.

La doppia morale

Le aperture di Francesco, infatti, non hanno cambiato la dottrina cristiana della Chiesa sul tema. I passi del catechismo che affrontano la questione non sono stati mai modificati, né il pontefice ha mai previsto riforme in tal senso. "L'omosessualità designa le relazioni tra uomini o donne che provano un'attrattiva sessuale, esclusiva o predominante, verso persone del medesimo sesso. Si manifesta in forme molto varie lungo i secoli e nelle differenti culture. La sua genesi psichica rimane in gran parte inspiegabile. Appoggiandosi sulla Sacra Scrittura, che presenta le relazioni omosessuali come gravi depravazioni, la Tradizione ha sempre dichiarato che 'gli atti di omosessualità sono intrinsecamente disordinati'. Sono contrari alla legge naturale. Precludono all'atto sessuale il dono della vita. Non sono il frutto di una vera complementarità affettiva e sessuale. In nessun caso possono essere approvati," si legge nel libro ufficiale dell'istruzione religiosa.

Nei paragrafi sul sesto comandamento, che obbliga i fedeli a non commettere atti impuri, fornicazioni o adulterio, vengono citati passi apocalittici del Genesi (quelli sulla distruzione della città di Sodoma, causata dalle pratiche "abiette" dei suoi abitanti), della Lettera di san Paolo ai Romani ("Per questo Dio li ha abbandonati a passioni infami; le loro donne hanno cambiato i rapporti naturali in rapporti contro natura. Egualmente anche gli uomini, lasciando il rapporto naturale con la donna, si sono accesi di passione gli uni per gli altri, commettendo atti ignominiosi uomini con uomini, ricevendo così in se stessi la punizione che s'addiceva al loro traviamento"), e della prima missiva ai Corinzi ("Non v'illudete; né fornicatori, né idolatri, né adùlteri, né effeminati, né sodomiti, né ladri, né avari, né ubriachi, né oltraggiatori, né rapinatori erediteranno il regno di Dio").

Oltre al catechismo, il tema dell'omosessualità è stato trattato, dal dopoguerra in poi, in una mezza dozzina di testi e dichiarazioni ufficiali della Santa Sede. Nel 1975 Paolo VI ha ratificato una lettera della Congregazione per la dottrina della fede intitolata *Persona Humana*, e incentrata sulle questioni di etica sessuale e sulle relazioni omosessuali. Le parole destinate ai cattolici sono inequivocabili. "Ai nostri giorni, contro l'insegnamento costante del magistero e il senso morale del popolo cristiano, alcuni, fondandosi su osservazioni di ordine psicologico, hanno cominciato a giudicare con indulgenza, anzi a scusare del tutto, le relazioni omosessuali presso certi soggetti. Essi distinguono – e sembra non senza motivo – tra gli omosessuali la cui tendenza, derivando da falsa educazione, da mancanza di evoluzione sessuale normale, da abitudine contratta, da cattivi esempi o da altre cause analoghe, è transitoria o, almeno, non incurabile; e gli omosessuali che sono definitivamente tali per una specie di istinto innato o di costituzione patologica, giudicata incurabile. Ora, per ciò che riguarda i soggetti di questa seconda categoria, alcuni concludono che la loro tendenza è a tal punto naturale da dover ritenere che essa giustifichi, in loro, relazioni omosessuali in una sincera comunione di vita e di amore, analoga al matrimonio, in quanto essi si sentono incapaci di sopportare una vita solitaria. Certo, nell'azione pastorale, questi omosessuali devono essere accolti con comprensione e sostenuti nella speranza di superare le loro difficoltà personali e il loro disadattamento sociale. La loro colpevolezza sarà giudicata con prudenza; ma non può essere usato nessun metodo pastorale che, ritenendo questi atti conformi alla condizione di quelle persone, accordi loro una giustificazione morale. Secondo l'ordine morale oggettivo, le relazioni omosessuali sono atti privi della loro regola essenziale e indispensabile. Esse sono condannate nella Sacra Scrittura come gravi depravazioni e presentate, anzi, come la funesta conseguenza di un rifiuto di Dio. Questo giudizio della Scrittura non permette di concludere che tutti coloro, i quali soffrono di questa anomalia, ne siano personalmente responsabili, ma esso attesta che gli atti di omosessualità sono intrinsecamente disordinati e che, in nessun caso, possono ricevere una qualche approvazione."

La dichiarazione – anche se oggi sembra durissima, dato che parla senza mezzi termini di "patologia" e "depravazioni" – al tempo fu letta, da alcuni, come una seppur timida apertura della Chiesa ai diritti dei gay. Nel 1986 il nuovo prefetto della Congregazione per la dottrina della fede, il futuro papa Joseph Ratzinger, decise così di stilare una nuova lettera, in modo da deliberare una visione definitiva del fenomeno da parte del dicastero che presiedeva. "Nella discussione che seguì la pubblicazione della dichiarazione del 1975, furono proposte delle interpretazioni eccessivamente benevole della condizione omosessuale stessa, tanto che qualcuno si spinse fino a definirla 'indifferente' o addirittura 'buona'. Occorre invece precisare che la particolare inclinazione della persona omosessuale, benché non sia in sé peccato, costituisce una tendenza verso un comportamento intrinsecamente cattivo da un punto di vista morale." Un comportamento cattivo: Ratzinger definisce l'opzione gay moralmente inaccettabile, ricorda che nel *Levitico*, terzo libro della Sacra Bibbia, "l'Autore esclude dal popolo di Dio coloro che hanno un comportamento omosessuale", ragiona sulle "attività che rafforzano una inclinazione sessuale disordinata caratterizzata dall'autocompiacimento, che impediscono la propria realizzazione e felicità perché contrarie alla sapienza creatrice di Dio". Combattendo l'omosessualità, dunque, secondo Ratzinger la Chiesa non limita affatto la dignità della persona umana, ma al contrario difende la libertà e le caratteristiche "realistiche e autentiche" che la specificano. Nella stessa lettera il futuro pontefice emerito immagina forze, presenti anche all'interno della Chiesa, che "esercitano una fortissima pressione per portare" la comunità cattolica e i sacerdoti "a legittimare gli atti omosessuali". Una lobby basata su un'ideologia materialistica che mirerebbe a "creare confusione e sfruttarla per i loro scopi... La doverosa reazione alle ingiustizie contro le persone omosessuali non deve portare in alcun modo all'affermazione che la condizione omosessuale non sia disordinata". Di più: se l'attività omosessuale è accettata come "buona", se lo Stato fa leggi per difendere e proteggere un comportamento che non può essere rivendicato come un diritto, allora "né la Chiesa né la società devono poi sorprendersi se anche altre opinioni e pratiche distorte guadagnano terreno, e se i comportamenti violenti aumentano".

I gay, maschi e femmine, per Ratzinger non devono affatto essere dunque considerati "senza colpa": anche loro hanno infatti il dono del libero arbitrio, e – come in ogni conversione – grazie allo sforzo sostenuto da Dio, devono almeno "evitare l'attività omosessuale: come gli altri cristiani sono chiamati a vivere la castità". Illibatezza perenne: non potendo procreare, di fatto gli omosessuali devono astenersi. Per sempre.

La lettera ai vescovi del futuro Benedetto XVI resta uno dei capisaldi della cura pastorale dei gay, tanto che qualche anno dopo fu implementata dal Vaticano con nuove "Considerazioni" riguardanti il comportamento da tenere, da parte di fedeli e sacerdoti, di fronte alle proposte di legge sulle unioni civili omosessuali. Il documento elenca gli enormi problemi morali ed etici di aperture di questo genere, ed evidenzia come fosse giusta una discriminazione della tendenza in alcuni ambiti, come "la collocazione di bambini per adozione o affido, nell'assunzione di insegnanti o allenatori di atletica, nel servizio militare". La Congregazione, nella stessa dichiarazione, afferma che i problemi possono sorgere addirittura nell'edilizia pubblica, visto "la necessità di case da parte di autentiche famiglie e legittime preoccupazioni dei proprietari di case nel selezionare potenziali affittuari".

Ma non è tutto. Sul tema il papa emerito si è espresso da prefetto della Dottrina della Fede anche nel 2003 e nel 2005 quando, ormai pontefice, approvò una nuova "istruzione". Nel primo atto ufficiale, Ratzinger spiega con confermata convinzione che le relazioni omosessuali "contrastano con la legge morale naturale, che l'inclinazione omosessuale è oggettivamente disordinata, e le cui pratiche sono peccati gravemente contrari alla castità", partendo dall'assioma che "l'uomo, immagine di Dio, è stato creato maschio e femmina". Nessuna apertura, ancora, per i diritti civili invocati da un numero crescente di persone e autorità civili. Il monito ai politici cattolici affinché contrastino corruzione dei costumi, turpitudine e "comportamenti devianti" capaci di mettere a rischio il tessuto della moralità pubblica è energico: "A coloro che a partire da questa tolleranza vogliono procedere alla legittimazione di specifici diritti per le persone omosessuali conviventi, bisogna ricordare che la tolleranza del male è qualcosa di molto diverso dall'approvazione o dalla legalizzazione del male". "Il male." I fedeli devono sempre opporsi a qualsiasi progetto che ipotizzi nuovi diritti civili, la possibilità di adozioni di bambini (sarebbe a rischio il loro "sviluppo umano"), mentre "il parlamentare cattolico ha il dovere morale di esprimere chiaramente e pubblicamente il suo disaccordo, e votare contro il progetto di legge: si tratta di un doveroso atto di testimonianza della Verità".

Nel 2005, poi, la Congregazione compilò una sorta di regolamento, firmato da Benedetto XVI, che vietava agli omosessuali con "tendenze profondamente radicate" di entrare in seminario e di accedere agli ordini sacri. "Un'istruzione" che prima differenzia gli atti gay ("peccati gravi, immorali, che non possono essere approvati in nessun caso") dalle tendenze omosessuali radicate ("anch'esse oggettivamente disordinate, ma bisogna evitare ogni marchio di ingiusta discriminazione"), poi vieta tout court l'ammissione "al seminario e agli ordini di coloro che praticano l'omosessualità, che presentano tendenze omosessuali profondamente radicate o che sostengono la cosiddetta cultura gay". Qualora si trattasse invece di espressione di "problemi transitori" come quelli di un'adolescenza "ancora incompiuta", l'orientamento gay deve essere "superato almeno tre anni prima dell'ordinazione diaconale". Un regolamento che secondo Benedetto XVI è necessario a garantire alla Chiesa "sacerdoti idonei, veri pastori secondo il cuore di Cristo". Dal 2008, grazie a una nuova disposizione, i vescovi possono far esaminare i candidati al sacerdozio da professionisti e psicologi, in modo da mettere nel sacco eventuali mistificatori. "Non bisogna dimenticare," si legge nel documento della Congregazione, "la possibile tendenza di alcuni a minimizzare o a negare le proprie debolezze ai propri formatori... troppe inettitudini psichiche, più o meno patologiche, si rendono manifeste soltanto dopo l'ordinazione."

La dottrina cattolica, che gran parte dei fedeli considera sacrosanta e parte del mondo laico come omofoba e ipertradizionalista, è ancora questa. Durante i primi anni di pontificato di papa Francesco non è stata modificata di una virgola. La speranza di un'apertura della Chiesa al mondo LGBT è rimasta ferma a due importanti dichiarazioni pubbliche ("Chi sono io per giudicare" enunciata nel 2013, e "La Chiesa deve chiedere scusa ai gay che ha offeso" rilasciata all'inizio del 2016), che hanno sì spedito Francesco sulla copertina della rivista gay americana "The Advocate" come "Persona dell'anno", ma non hanno minimamente intaccato la normativa ufficiale.

Il documento finale del sinodo sulla famiglia concluso nell'ottobre del 2014 ha trattato il tema solo in un brevissimo paragrafo della "Relatio" definitiva, in cui vengono confermati in toto l'ideologia e gli insegnamenti delle Sacre Scritture, ricordando che "non esiste fondamento alcuno per assimilare o stabilire analogie, neppure remote, tra le unioni omosessuali e il disegno di Dio su matrimonio e famiglia". Nella relazione preliminare i paragrafi sugli omosessuali erano invece tre, assai più progressisti anche perché scritti dal segretario speciale del sinodo, il bergogliano Bruno Forte. I duecento delegati dell'assemblea hanno però disintegrato le aperture ipotizzate dal monsignore, e così nulla è cambiato.

Qualcuno sostiene che Francesco abbia perso la sua battaglia, e che la maggioranza del sinodo, a trazione conservatrice, si sia opposta con successo alla sua linea di pensiero. In parte è vero, ma lo stesso gesuita, in un'intervista su "La Civiltà Cattolica" del settembre del 2013, aveva specificato che sui gay "il parere della Chiesa lo si conosce, e io sono figlio della Chiesa, non è necessario parlarne in continuazione". E "il giudizio della Chiesa", a parte le frasi sulla necessità di evitare ingiuste discriminazioni e di accogliere i gay "con rispetto, compassione e delicatezza", parla – come abbiamo letto – di "comportamenti devianti", di "gravi peccati", di un "comportamento intrinsecamente cattivo e immorale", di "atti disordinati", di persone "fuori dal popolo di Dio". Una condanna senza appello.

Se la dottrina resta immutabile, due vicende recenti evidenziano come le forze che lottano per il rispetto della tradizione sono, nella Chiesa e in Vaticano, ancora vincenti rispetto ai venticelli riformatori. In primis, va ricordato come sia nel 2008 sia nel 2011 gli osservatori permanenti della Santa Sede all'Onu si sono opposti al progetto francese che chiede la depenalizzazione dell'omosessualità da parte delle Nazioni Unite. Una battaglia necessaria, fanno notare i paesi occidentali, non solo per questioni etiche e di principio, ma anche perché ancora oggi in settanta Stati essere gay è considerato un reato grave. In alcuni casi punibile con la pena di morte. Il motivo della bocciatura della mozione (firmata da tutti e ventisette i membri dell'Unione Europea) da parte del Vaticano è descritto bene dall'arcivescovo Celestino Migliore, oggi nunzio apostolico in Russia e già osservatore della Santa Sede all'Onu: "Nessuna voglia di discriminare nessuno. Ma questa è una dichiarazione politica sottoscritta da un gruppo di paesi con cui si chiede agli Stati di aggiungere nuove categorie protette dalla discriminazione. Senza però tener conto che, se adottate, esse creeranno nuove e implacabili discriminazioni: gli Stati che non riconoscono l'unione tra le persone dello stesso sesso, per esempio, verranno messi alla gogna". Il Vaticano teme in pratica che, se passasse la mozione, le Nazioni Unite possano discriminare quei governi che non vogliono concedere i diritti civili agli omosessuali. Un concetto paradossale ripetuto davanti all'assemblea delle Nazioni Unite da Silvano Tomasi, attuale osservatore permanente: "... gli Stati possono, e devono, regolare i comportamenti, tra cui i vari comportamenti sessuali. In tutto il mondo, vi è un consenso tra le società che certi tipi di comportamenti sessuali devono essere vietati dalla legge. Pedofilia e incesto sono due esempi... Inoltre, vogliamo richiamare l'attenzione su una tendenza preoccupante: le persone vengono attaccate quando assumono posizioni contrarie agli atti e comportamenti sessuali tra persone dello stesso sesso. Quando esprimono le loro convinzioni morali o credenze circa la natura umana, che possono anche essere espressione di convinzioni religiose, vengono stigmatizzate, o peggio – vengono vilipese, e perseguite. Questi attacchi contraddicono i principi fondamentali annunciati in tre delle risoluzioni del Consiglio di questa sessione. La verità è che questi attacchi sono violazioni dei diritti umani fondamentali, e non possono essere giustificati in nessun caso". In sintesi, la Santa Sede pretende libertà di discriminare, e condannare uomini e donne in base alle preferenze sessuali. A oggi la mozione non è stata firmata.

L'ostilità verso gli omosessuali e pure coloro che lottano affinché norme e leggi civili proteggano non solo le coppie etero, ha segnato anche la diatriba relativa all'ambasciatore gay che la Francia aveva designato in Vaticano, a cui lo stesso papa Francesco ha rifiutato il gradimento. Un braccio di ferro diplomatico cominciato a inizio 2015, quando per sostituire Bruno Joubert il ministero degli Esteri transalpino decide di inviare a Roma Laurent Stefanini, un diplomatico di lungo corso e da anni capo del protocollo del presidente François Hollande.

Una candidatura autorevole, a cui la Santa Sede, a sorpresa, oppone immediatamente un rifiuto sdegnato. I media francesi, citando fonti interne alla città santa, confermano il "niet". Dovuto, scrivono i giornali come "Le Monde" e "Le Figaro", all'omosessualità dichiarata, anche se mai esibita, del diplomatico. È per questo, sussurrano i retroscenisti, che la Santa Sede, già infastidita per l'approvazione della legge sulle unioni civili del *mariage pour tous* voluta fortemente dall'Eliseo e appoggiata ovviamente da Stefanini, decide di contrastare la scelta dei transalpini. In ogni modo possibile.

Eppure Stefanini appare subito l'opzione più qualificata: diplomato all'Ena, la scuola nazionale per la pubblica amministrazione in cui si formano i migliori dirigenti francesi, cattolico praticante, è già stato sotto il cupolone tra il 2001 e il 2005, come numero due dell'ambasciata transalpina presso il Vaticano. Tornato a Parigi nel 2005, è diventato consigliere per le questioni religiose del ministero degli Esteri, e poi dal 2010 promosso capo del protocollo dell'Eliseo governato allora da Nicolas Sarkozy. Poltrona che mantiene anche dopo l'arrivo di Hollande. Insomma, come spiegano da Quai d'Orsay, "la migliore candidatura possibile per il delicato incarico alla Santa Sede, dove era stato già apprezzato quindici anni fa per le sue capacità" professionali. Invece sia Francesco che il suo segretario di Stato Pietro Parolin decidono di mettere una pietra tombale sulla candidatura: consultano il dossier su Stefanini preparato dal nunzio apostolico a Parigi, monsignor Luigi Ventura, e, incontrando lo stesso ambasciatore designato in via riservata, gli spiegano di essere contrari alla sua nomina sia per l'appoggio da lui concesso alla legge sui matrimoni gay (Parolin, commentando il sì alle nozze omosessuali in Irlanda, definì il risultato "una sconfitta per l'umanità") sia per il fatto che il suo nome non fosse stato precedentemente concordato tra i leader dei due paesi.

I vertici ecclesiastici decidono di non indietreggiare né di fronte alle polemiche furibonde della stampa (in Italia la vicenda è però passata sui giornali quasi sotto silenzio) né di fronte alle pressioni del governo. La sedia a Villa Bonaparte resta così vacante per mesi, perché anche Hollande sceglie il muro contro muro: "Sono i nostri valori a essere in gioco", chiarisce, mentre il suo ministro degli esteri Bernard Kouchner rincara la dose, affermando ironico che "il Vaticano [che durante l'intera vicenda non farà mai alcun commento ufficiale] non mi sembra nella buona posizione per rifiutare gli omosessuali".

L'"agreement" diplomatico, però, non arriverà mai. Né l'accredito che il Vaticano concede solo a persone che considera moralmente irreprensibili. Così, dopo più di un anno, è stato proprio Hollande a capitolare, ritirando la candidatura dell'omosessuale Stefanini e proponendo un nome gradito a Santa Romana Chiesa: Philippe Zeller si è insediato a Villa Bonaparte nel maggio del 2016. È cattolico praticante, ha una moglie bellissima, due figli e un nipotino.

La santa ipocrisia

Dunque, quando sua eminenza padre José Bergoglio, arcivescovo di Buenos Aires, nel 2010 si scagliò con forza contro il progetto di legge sui matrimoni gay voluti dal governo di Cristina Kirchner scrivendo in una lettera alla Conferenza episcopale argentina che "l'approvazione significherebbe un reale e grave regresso antropologico", non stava facendo altro che applicare la dottrina della Chiesa. La stessa che condanna la tendenza omosessuale, che vieta l'ordinamento di sacerdoti omofili e in forza della quale ciò che fuori dal Vaticano è (o dovrebbe essere) un diritto umano pacificamente accettato, diventa un peccato capitale. Con il risultato che i credenti, i preti, i vescovi e i cardinali di orientamento omosessuale vengono sussunti automaticamente nel peccato di lussuria, mentre la Chiesa si ritrova con un enorme problema morale. O, quantomeno, di coerenza.

Perché nonostante tutti i divieti, naturalmente, dietro le mura d'Oltretevere gli scandali su preti gay non si contano. Come evidenzia chi è stato messo a conoscenza dei contenuti della "Relatio" voluta da Benedetto XVI: cordate interne che violano il sesto comandamento, alti prelati e dignitari che non rispettano i dettami originali sulla fornicazione (a volte legata persino ad atti corruttivi), mentre in tutti i modi si cerca di negare l'esistenza di scandali e vizi capitali, nascosti sotto il tappeto dell'omertà. Difficile, però, negare l'evidenza di intercettazioni, inchieste giudiziarie e documenti inediti che pubblichiamo in questo libro.

Nel 2010 il Gentiluomo di Sua Santità Angelo Balducci fu intercettato dai magistrati di Firenze e dai carabinieri del Ros che indagavano sulla "cricca" che si arricchiva con gli appalti dei Grandi Eventi mentre parlava con un corista nigeriano della cappella Giulia in Vaticano, Chinedu Thomas Ehiem, che proponeva a Balducci escort maschi a ogni ora del giorno e della notte, seminaristi compresi ("Angelo, non ti dico altro: è alto due metri per 97 chili, 33 anni, completamente attivo"; "Ho un tedesco appena arrivato o vuoi stare col norvegese?"; "Ho una situazione di Napoli"; "Ho una situazione cubana"). Nessun chierico, a oggi, è stato identificato.

Fraterno amico di Balducci, che oltre a Gentiluomo di Sua Santità aveva anche un (legittimo) conto allo Ior, era monsignor Francesco Camaldo, così vicino all'ex dirigente di Stato da aver ricevuto da questi, qualche anno fa, un prestito a fondo perduto di 280 mila euro. Camaldo, famoso a Roma per le sue serate mondane tra patrizi romani e amicizie vip, come quella con lo stilista Gay Mattiolo e quella con la famiglia Savoia, per quindici anni è stato segretario particolare del vicario di Roma cardinal Ugo Poletti, prima di diventare cerimoniere del papa. Di recente, con una formula che molti osservatori hanno considerato un *promoveatur ut amoveatur* è stato promosso da Francesco canonico della basilica di San Pietro. Su molti siti gay Camaldo viene soprannominato, con maggiore malizia che accuratezza, "monsignor Jessica", *nom de plume* usato anche da Giacomo Amadori di "Libero" durante l'intervista anonima a un prelato definito un "cerimoniere del papa accantonato da Francesco". "Quella della lobby gay è stata tutta una montatura. Anche i tre cardinali 007 avevano detto che nelle loro carte non c'era nulla di clamoroso, ma i giornalisti hanno preferito dedicarsi al gossip," spiega il presule. "Il mio soprannome? Ho pagato la vicinanza alla famiglia Savoia. Un loro nemico mi ha appioppato quel nome su un sito online e non me ne sono più liberato."

Amico di Balducci (tanto da chiedergli aiuto nel 2010 durante lo scandalo della "cricca") e di alcuni membri dei Savoia era anche don Pietro Vigorelli, ex abate e vescovo dell'abbazia di Montecassino, travolto nel novembre del 2015 da un'inchiesta della procura di Roma (ancora in corso) perché si sarebbe appropriato di circa mezzo milione dell'8 per mille (destinati in teoria "all'assistenza ai bisognosi e alla realizzazione di opere e attività caritatevoli") per comprare case e appartamenti e, soprattutto, per godersi una vita sfrenata a cinque stelle. Se già nel 2010, come emerge dalle carte dell'inchiesta di Roma, alcune analisi rivelarono nelle sue urine la presenza di Ghb, la cosiddetta "droga dello stupro" (tanto che don Pietro fu segnalato alla prefettura), i giornali hanno raccontato con dovizia di particolari la sua doppia vita, la passione per il sesso omosessuale e i narcotici. Come in altri casi in Vaticano insieme al sesto comandamento verrebbe infranto anche il settimo: "Non rubare". Con il denaro destinato ai poveri Vigorelli secondo le accuse sarebbe riuscito a spendere 34 mila euro in un mese soggiornando all'Hotel Capital, un cinque stelle di Londra, a 524 euro a notte. Cenando lo stesso giorno dell'aprile 2014 al Sushisamba, pagando un conto da 690 euro per ostriche e champagne, e alloggiando – un anno prima – al lussuosissimo albergo Corinthia sborsando per qualche giorno la bellezza di 7314 euro. Un terzo dei 23.090 euro spesi complessivamente per un soggiorno spaziale all'albergo Fasano di San Paolo, in Brasile. Alle vacanze da nababbo l'abate avrebbe aggiunto la passione sfrenata per lo shopping: le fatture trovate dalla Guardia di Finanza raccontano di un acquisto presso il negozio di Gucci a Roma di 1090 euro fatto nell'ottobre del 2014, un altro acquisto da Ermenegildo Zegna per 750 euro, altri 1390 euro da Prada a Milano, oltre 4500 euro di vestiti e accessori griffati. "Una situazione penosa e dolorosissima," ha commentato il cardinale Angelo Bagnasco, capo della Cei. "Ombre gravi e gravissime, ma facciamo in modo che non oscurino la luce che porta un grande popolo di religiosi, ministri di Dio e consacrati che sono esempio di dedizione."

Tra questi ultimi, purtroppo, non si può certo non annoverare un altro pezzo grosso della gerarchia. Parliamo di don Nunzio Scarano, il contabile della banca centrale della Santa Sede, l'Apsa, il quale, mentre scriviamo, è sotto processo in Italia per concorso in riciclaggio (attraverso i suoi conti allo Ior) e condannato in primo grado a due anni per calunnia. "Scarano? Non è certo la beata Imelda," commentò Francesco dopo gli arresti. Che avvennero non a Salerno, dove il prelato dimorava in una casa da 700 metri quadrati, ma nella casa canonica della parrocchia di San Filippo e Giacomo, dove Scarano abitava insieme a don Luigi Noli, considerato dagli inquirenti assai più che un amico di lunga data, e finito anche lui sotto processo. "Don Luigi è sacerdote e uomo di fiducia di don Nunzio, legato da relazioni intime e confidenziali ultratrentennali," si legge nell'ordinanza del 15 gennaio 2014, con la quale il giudice per le indagini preliminari ha dato il via libera agli arresti domiciliari per i due preti. "Nelle intercettazioni Scarano e Noli ricordano di un'esperienza particolare vissuta, laddove Scarano parla della relazione di C. che gli diceva: '... 'a bello! Allora vuol dire che quello che ti ho dato quella sera non te basta, te devo da' il resto!' ... e Luigi risponde: 'Mamma mia! Quella sera indimenticabile, un animale è diventato'. A un certo punto," scrivono ancora i magistrati, "Nunzio definisce C. possessivo nei suoi confronti, e Noli risponde: 'C. ti vuole tutto per sé. Immagina se sapesse che con me...'."

Anche tra il 2015 e i primi mesi del 2016 ci sono stati numerosi terremoti mediatici, talvolta con conseguenze giudiziarie, che hanno portato alla ribalta nuove storie di sesso nella Chiesa. Inchieste giornalistiche sul campo e interviste "rubate" con telecamere nascoste hanno segnalato in Italia, all'estero e in Vaticano l'esistenza di decine di preti omosessuali, addirittura sposati ma ancora consacrati, e sacerdoti che frequentano chat e siti online per incontri, saune gay friendly (a Roma ce n'è una, la più grande d'Europa, nello stesso palazzo della Congregazione per l'evangelizzazione dei popoli), e centri benessere dedicati.

Il coming out di un alto prelato, monsignor Krzysztof Charamsa, professore alla Pontificia università gregoriana e numero tre della Congregazione per la dottrina della fede, ha segnato i giorni della vigilia del sinodo sulla famiglia, quando, nell'ottobre del 2015, il prete annunciò pubblicamente di essere gay e di avere un compagno, ricevendone una scontata espulsione con sospensione a divinis. "I preti gay, secondo la mia esperienza diretta, sono il 50 per cento di quelli incontrati," spiega, rispedendo al mittente le accuse rivoltegli dalla curia, in particolare quelle che pensano che sia stato manipolato da una lobby gay per condizionare l'esito del sinodo. "Per Charamsa provo più pena che sorpresa," ha dichiarato il cardinale Camillo Ruini, mentre qualche giorno dopo il coming out papa Francesco ha chiesto, "in nome della Chiesa, perdono per gli scandali che in questi ultimi tempi sono accaduti, sia a Roma che in Vaticano". Probabile che il pontefice si riferisse a Charamsa, e alla incredibile vicenda dei carmelitani scalzi scoperti a frequentare escort.

Una storia drammatica venuta alla luce solo grazie alle denunce dei parrocchiani di Santa Teresa d'Ávila, una chiesa dell'elegante quartiere Pinciano di Roma. In un dossier fitto di prove e testimonianze, si legge di come un padre della curia generalizia, protetto per anni dal silenzio e dall'omertà dei superiori, avesse frequentato "adulti vulnerabili". Cioè vagabondi senzatetto, conosciuti nella vicina Villa Borghese e pagati 50 euro per avere rapporti clandestini e mercenari. Accuse che l'ordine della santa mistica dell'estasi ha tentato di soffocare sul nascere, anche attraverso il trasferimento repentino non solo del prete accusato (da due escort) di comprare sesso e usare droghe stimolanti come il popper, ma anche di altri tre presuli della curia e di tre sacerdoti della basilica, tutti spediti in piccole parrocchie a Nord (da Trieste a Bolzano a

Bruxelles) per tentare di chiudere la faccenda boccaccesca senza troppo rumore.

L'effetto è stato contrario. Dopo che il dossier inviato ai superiori carmelitani guidati da don Saverio Cannistrà (ai quali i parrocchiani hanno raccontato indignati come nello "sgombero" erano stati puniti anche quei parroci che avevano deciso di non coprire le cattive condotte) è stato accolto con un'alzata di spalle dai vertici dell'ordine ("i trasferimenti? si tratta di un normale avvicendamento"), i parrocchiani hanno deciso di investire le alte gerarchie vaticane, attraverso una lettera-denuncia al cardinale Agostino Vallini, vicario del papa alla diocesi di Roma.

Per ora né dal Vaticano né dalla congregazione sono arrivate risposte. "Il cardinal Vallini non ha neanche voluto incontrare il principale testimone, una delle vittime," racconta Giuseppe Del Ninno, il portavoce dei centodieci fedeli che hanno firmato la lettera-denuncia. "C'è insensibilità delle gerarchie, risposte burocratiche, mancanza di coraggio nella verità." Se l'unico a condannare ufficialmente l'accaduto è stato il porporato tradizionalista Velasio De Paolis ("non è sufficiente che i religiosi siano stati allontanati, se le accuse sono vere occorre espellerli dall'ordine e ridurli in stato laicale: chi ha tradito a Roma la promessa di castità potrebbe farlo anche in altre città"), il vicario dei carmelitani Augustí Borrell ha chiesto perdono, sottolineando però che si tratta solo di "sospetti e accuse pubbliche: non sappiamo né possiamo dire cosa c'è di vero in tutto questo". Il segretario dei carmelitani scalzi, in un'intervista al "Corriere della Sera", è stato ancora più evasivo. "I trasferimenti? Nessuno scandalo, ma piuttosto la conseguenza di una riorganizzazione della nostra struttura, in relazione alle mutate esigenze dell'ordine. Il religioso accusato di prostituzione? Se è da noi da oltre vent'anni, vuol dire che s'è dimostrato una persona corretta," ha chiosato padre Raffaele. E i sospetti di abusi rimangono tali, naturalmente, in mancanza di conferme giudiziarie. Non ci dispiacerebbe, tuttavia, poter riportare notizia di indagini interne approfondite e indipendenti. Mancando le quali tutto resta al livello di gravi accuse dal basso, da parte di fedeli basiti, e difese d'ufficio dall'alto.

Per la cronaca, per i carmelitani scalzi il 2016 è stato un annus horribilis: l'arcivescovo di Taranto è stato costretto a rimuovere il priore provinciale dell'ordine, un uomo di cinquantadue anni, denunciato al tribunale ecclesiastico regionale da un ragazzo di trentadue anni di Rovigo, che ha inviato un fascicolo composto da quasi trecento tra conversazioni, video e screenshot di chat di Facebook e Skype in cui si fa riferimento a promesse di orge, scambio di foto osé, incontri sessuali per ottenere un lavoro, scambio di indirizzi di preti gay "giovanissimi e dotati" con cui organizzare appuntamenti; un documento nel quale il prete ha raccontato anche di aver avuto rapporti sessuali con un militare della Guardia svizzera in Vaticano. Se il priore è stato dimesso, tutto l'incartamento, con eventuali strascichi penali, è ora nelle mani della procura della città pugliese.

Tutti zitti in Vaticano

Una recente vicenda conferma quanto silenzi e omissioni siano, davanti a vescovi lussuriosi, la regola aurea seguita in Vaticano. Anche sotto il nuovo papa. L'arcivescovo di Minneapolis, John Clayton Nienstedt, ha fatto del rispetto della dottrina la sua bandiera e la sua fortuna, tanto da intervenire nel 2012 su "L'Osservatore Romano" con un editoriale su famiglia e religione. Proprio qualche mese prima la sua diocesi era stata accusata di omofobia per aver aiutato a distribuire quattrocentomila dvd realizzati dall'organizzazione cattolica statunitense Cavalieri di Colombo per convincere il pubblico di come una legalizzazione del matrimonio omosessuale farebbe precipitare la società nella catastrofe. Un'iniziativa eclatante e discutibile, forse, ma certamente in linea con la posizione della Chiesa sull'argomento.

Nel giugno del 2015 Nienstedt si è dimesso dal suo incarico insieme al suo vicario Lee Anthony Piché, dopo che la loro diocesi è stata criticata per non essere stata capace di proteggere alcuni bambini dalle attenzioni di un prete pedofilo poi condannato per molestie. "Cadono le prime teste dopo la linea dura inaugurata da papa Francesco contro chi ha coperto gli abusi sessuali nella Chiesa," commentarono alcuni giornali italiani quel giorno. I due vescovi, invece, chiarirono che rimettevano l'incarico con la coscienza pulita, e solo per senso di responsabilità nei confronti dell'istituzione: "Io e la mia squadra," ha ribadito Nienstedt, "abbiamo attivato nel tempo procedure coerenti per assicurare la protezione di minori e adulti vulnerabili". Le accuse vertono proprio su un sistema di archiviazione che avrebbe consentito di nascondere informazioni su preti colpevoli di molestie (che rimanevano così in carica). E, soprattutto, sull'incapacità di Nienstedt di bloccare il prete pedofilo Curtis Wehmeyer, condannato per aver abusato di tre bambini nel 2012.

In realtà, grazie a un documento ottenuto da uno studio legale americano che difende le vittime del clero (il titolare si chiama Jeff Anderson), sembra che l'estromissione del vescovo antigay nasconda molto altro. Uno scandalo che non solo evidenzia responsabilità dirette e comportamenti omosessuali del vescovo emerito di Minneapolis, ma che coinvolge anche il nunzio vaticano a Washington Carlo Maria Viganò, andato in pensione con tutti gli onori nell'aprile del 2016, e alti cardinali della Congregazione dei vescovi a Roma. Il documento è un memorandum spedito il 7 luglio 2014 dal reverendo Dan Griffith, un prete delegato alla sicurezza della diocesi, al vicario di Nienstedt e al vescovo (anche lui poi dimessosi) Piché. Nel memorandum si racconta di un'inchiesta interna "sulla cattiva condotta da parte dell'arcivescovo John C. Nienstedt" voluta da esponenti del clero di Minneapolis e iniziata nell'autunno del 2013. Indagine che partiva da due informative segrete: nella prima si metteva in luce che il vescovo antigay aveva rivolto delle avance a un prete, mentre la seconda raccontava come l'alto prelato si recasse spesso all'Happy Tap, un bar con strip club frequentato da una clientela omosessuale, a Windsor, nell'Ontario. Dopo altre segnalazioni, scrive ancora il reverendo Griffith, "avevo sentito che l'ex arcivescovo Harry Flynn aveva espresso le sue preoccupazioni a questo riguardo al cardinale Giovanni Battista Re, allora prefetto della Congregazione per i vescovi a Roma... Perché un'indagine sulle accuse contro l'arcivescovo Nienstedt? Prima di tutto, in giustizia, era la cosa corretta da fare. Se fossero arrivate alla cancelleria simili accuse riguardanti un qualunque prete, senza dubbio avremmo avviato un'indagine. Ritenevamo che queste accuse potessero avere almeno una certa credibilità, nel senso che non erano frivole o palesemente false. In secondo luogo, la decisione di avviare un'indagine su queste accuse contro l'arcivescovo è una dimostrazione importante, agli occhi delle vittime di abusi e cattiva condotta da parte del clero, del fatto che prendiamo queste questioni molto seriamente e che ciascuno è tenuto a rispondere del proprio comportamento, indipendentemente dal suo rango o dal suo status... Quanto alla natura delle accuse, non importava che si trattasse di un comportamento omosessuale o eterosessuale. La cattiva condotta sessuale è una violazione della legge morale e del codice del diritto canonico, e nel presente caso non contava di quale tipo (gay o etero) di cattiva condotta fosse accusato l'arcivescovo".

Insomma, dice il reverendo Griffith: se ci sono accuse a carico di un arcivescovo, è necessario indagare – non per rimestare nel torbido, e nemmeno per espellere un omosessuale dalla Chiesa, ma perché la cattiva condotta sessuale è di per sé riprovevole. Una posizione coerente con l'alto magistero morale che la Chiesa intende rappresentare per i fedeli: se da un punto di vista laico una condotta sessuale tra adulti consenzienti è e resta un affare esclusivamente privato, secondo il diritto canonico e la morale che viene insegnata al catechismo questi comportamenti non sono accettabili. E padre Griffith sembra intenzionato ad andare fino in fondo, e a scoprire la verità.

Il reverendo ricorda al vicario Piché la decisione della diocesi americana di affidarsi a un gruppo di legali (lo studio Greene Espel di Minneapolis) per investigare in piena autonomia la vita di Nienstedt; cita una lettera del 31 gennaio 2014 in cui l'arcivescovo acconsentiva a far indagare sulle accuse contro di lui (benché "soltanto dopo le pressioni della cancelleria e perché si parlava di un possibile reportage giornalistico in lavorazione"); infine menziona un'altra relazione in cui "espressi anche le mie preoccupazioni riguardo al fatto che l'arcivescovo Nienstedt potesse avere avuto una relazione con padre Curtis Wehmeyer" (il prete condannato per molestie sui bambini). Questa presunta liaison avrebbe potuto in passato aver influenzato il giudizio dell'arcivescovo sulla cattiva condotta di Wehmeyer, come anche la controversa decisione dell'arcivescovo di nominarlo pastore della parrocchia del Blessed Sacrament. "Considerati i notevoli errori di giudizio nel caso Wehmeyer, a mio avviso questo era uno dei punti più seri dell'indagine, una conclusione a cui sono giunti anche i nostri investigatori."

Nella email di padre Griffith vengono sintetizzati pure i risultati dell'inchiesta indipendente dello studio Greene Espel. Che mette nero su bianco dati, secondo il reverendo che ha ufficialmente mediato i rapporti tra l'arcidiocesi e gli avvocati, sconvolgenti. Tanto che uno dei due investigatori, l'avvocato Forsgren, "dimostrando stupore, descrisse l'esperienza come 'uno schiaffo in faccia': attraverso dieci deposizioni giurate avevano raccolto prove di cattiva condotta sessuale, molestie sessuali, ritorsioni in risposta ad avance non gradite, abuso di alcolici... secondo gli avvocati tutti i testimoni erano credibili e notarono che molti avevano fatto dichiarazioni contro il proprio interesse e in alcuni casi avevano dichiarato di essere stati in posti dove non avrebbero dovuto trovarsi in quanto preti".

La storia raccontata dal sacerdote continua, e prende direzioni inaspettate. Il 10 aprile 2014 lo stesso Griffith, il vescovo Piché e altri esponenti della curia, dopo aver letto le prime conclusioni dell'indagine da loro commissionata, si rendono conto che l'unica strada possibile per uscire da quel vicolo cieco sono le dimissioni immediate del loro capo. Così il gruppetto delega i due vescovi ausiliari, Piché e Andrew Cozzens, a prendere un aereo (insieme a Nienstedt) e volare dal potente nunzio apostolico del Vaticano negli Stati Uniti, Carlo Maria Viganò, "nella speranza di poter raggiungere una soluzione pastorale per il bene dell'arcidiocesi, date le schiaccianti prove raccolte fino a quel momento". Viganò non è un monsignore qualsiasi: è l'alto prelato che nel 2012 finì sulle pagine dei giornali di tutto il mondo dopo la pubblicazione di alcune sue lettere private molto dure, in cui criticava il modus operandi dell'allora segretario di Stato Tarcisio Bertone, denunciava la gestione corruttiva del patrimonio della Santa Sede e identificava come uno dei suoi principali nemici (e primo sponsor del suo allontanamento negli Stati Uniti) "l'omosessuale", così lo appellò, Marco Simeon, un lobbista laico vicinissimo al cardinale. "Viganò il moralizzatore", venne definito dai cronisti.

L'incontro tra lui e i prelati di Minneapolis, però, non va affatto come il reverendo Griffith si aspetta. Nel memorandum che stiamo seguendo passo per passo, il reverendo spiega che Viganò, invece di chiedere le dimissioni di Nienstedt, ordinò di bloccare immediatamente l'indagine sulle molestie. "Deduco che il nunzio apostolico fosse convinto che le accuse non erano serie come Voi e il vescovo Cozzens avevate dichiarato durante il vostro incontro e abbia dato l'ordine

all of the allegations as well as the evidence they had gathered. After Mr. Forsgren and Mr. Wallace-Jackson had obtained 10 affidavits, sworn statements of misconduct by Archbishop Nienstedt across both time and geography, I contacted you and Bishop Cozzens to alert you both of what our investigators had gathered thus far. In summary, Mr. Forsgren and Mr. Wallace-Jackson had gathered evidence in the form of sworn statements of the following regarding Archbishop Nienstedt: sexual misconduct; sexual harassment; reprisals in response to the rejection of unwelcome advances; and excessive drinking. Mr. Forsgren and Mr. Wallace-Jackson stated that they found all of the affiants to be credible and noted that many of their statements were against self interest and noted that in some cases the affiants put themselves in places they ought not to have been as priests.

April 10, 2014 you, Bishop Cozzens, Fr. Lachowitzer, Brian Wenger and I gathered at Mr. Wenger's home to hear the evidence gathered thus far by Mr. Forsgren and Mr. Wallace-Jackson. Many of us read through the affidavits and heard the preliminary findings presented by the two lawyers. Our investigators clearly stated that this was a preliminary stage and that Archbishop Nienstedt would be given an opportunity to respond during his interview near the close of the investigation. I think it is fair to say that everyone believed that the evidence presented at the April 10th meeting was compelling. Near the close of the meeting, Brian went around the room to take a poll of the folks present and whether they believed that Archbishop Nienstedt should resign given the nature of the evidence gathered thus far. Everyone present, except the investigators of course, answered in the affirmative. Brian stated that even if the Archbishop was innocent, the evidence was damaging enough that it would render him incapable of leading the Archdiocese. With that consensus, the decision was made that the two auxiliary bishops would fly to Washington D.C. Saturday, April 12 to meet with the Apostolic Nuncio, Archbishop Carlo Maria Vigano. Archbishop Nienstedt was invited to join the auxiliary bishops and in fact did so, on their trip to Washington. The hope was to reach a pastoral resolution for the good of the Archdiocese, given the compelling evidence gathered thus far. As Mr. Forsgren and Mr. Wallace-Jackson stated they had at least 24 more leads to pursue, the decision was made to stop and assess the situation and to assess the options available to resolve the matter. After your meeting with Archbishop Vigano, you called me from the airport to say that you believed a resolution of the matter was on the horizon.

What ever occurred between your call to me on April 12th and a later call you received from Archbishop Vigano, I believe to be the turning point in the investigation and has put the Archdiocese in the very difficult position it finds itself today. I understand Archbishop Nienstedt had a conversation with the Nuncio after his meeting with you and Bishop Cozzens. In that meeting, he may have convinced the Nuncio that the allegations against him were all false and part of the conspiracy that Archbishop Nienstedt recently referenced last week as the news of the investigation broke in the media. As I further understand, the Apostolic Nuncio believed that the allegations were not as serious as you and Bishop Cozzens had indicated at your meeting and ordered you to have the lawyers quickly interview Archbishop Nienstedt and wrap up the investigation. The Nuncio said that the lawyers were not to pursue any further leads, including an allegation referenced by many of the affiants in Detroit that Archbishop Nienstedt may have had sexual relations with a Swiss Guardsman in Rome. In response to the Apostolic Nuncio's directives, you and Bishop Cozzens sought counsel and responded to the Nuncio, in letter form, stating that both of you disagreed with his decision to shut down the investigation, noting that

S/11

Il memorandum della diocesi di Minneapolis in cui viene riportata l'accusa al nunzio Carlo Maria Viganò di "insabbiamento".

this would rightly be seen as a cover-up. In that same letter to the Nuncio, you and Bishop Cozzens further suggested that another bishop, one outside the Archdiocese, be appointed to oversee the completion of the investigation, as you had been put into a position that amounted to a conflict of interest. I agreed wholeheartedly with the decision of you and Bishop Cozzens to push back and to express your disagreement with the decision of the Nuncio in the form of a letter.

I conveyed the directive of the Apostolic Nuncio to Mr. Forsgren and Mr. Wallace-Jackson as well as your request for them to pause in their investigation. Mr. Forsgren and Mr. Wallace-Jackson noted to me that this decision was not in keeping with the original mandate to conduct a thorough investigation, the integrity of which cannot be impugned. The work that was done after your request, was done either in preparation of their interview of Archbishop Nienstedt or in following up and closing out current or previous matters they had been pursuing. On April 17, a man whom Mr. Forsgren and Mr. Wallace-Jackson had contacted via email weeks before, responded to their original inquiry. This correspondence resulted in an eleventh affidavit wherein the man alleged that then Monsignor Ninestedt promptly dismissed him from the seminary in Detroit after the then 19 year old seminarian turned down as inappropriate, Nienstedt's invitation to join him and two other seminarians on a ski trip.

After Easter, Mr. Wallace-Jackson and I met with you at your office in the chancery. At that meeting, you told both of us that the attorneys were to narrow the focus of their investigation to the questions of whether a crime or a grave delict had been committed by Archbishop Nienstedt and that their interview of the Archbishop should likewise focus on these questions. When Mr. Wallace-Jackson asked whether they could do more investigative work and to pursue further leads to determine these answers, you stated that he would have to get the permission of the Nuncio; permission, you stated that you believed would be denied. At this same meeting, I raised the issue of the two potential cases of sexual harassment presented in the evidence. I noted that these were serious claims and that the one involving ▓▓▓▓▓ presented potential liability for the Archdiocese as well as the Archbishop. You agreed to allow the investigators to cover this area as well, but not as their main focus. In response, both David and I stated that this further narrowing of the investigation was not in keeping with the original January 31st letter calling for a thorough investigation the integrity of which cannot be impugned. In the presence of Mr. Wallace-Jackson, I said that these two lawyers worked at a very well respected law firm and were well respected in their own right. I further stated that I could not imagine that they would be party to a white-wash, effectively allowing themselves to be patsies in a cover-up. I further indicated to you that your directive (or perhaps the Nuncio's) not to investigate other alleged misconduct clearly applied a different and more permissive standard to the Archbishop than would be applied to priests serving in the Archdiocese. You did not disagree with this assessment.

At that same post-Easter meeting, you gave Mr. Wallace-Jackson a correspondence which you later took out of his hand as he was reading it, saying that he could not read it, nor could he be given a copy of this and that you should not have given it to him in the first place. Mr. Wallace-Jackson was very concerned by this and asked me to follow up to obtain a copy. In a subsequent conversation with you, I asked you if the investigators could see the letter and you said no. At this same meeting, you indicated to Mr. Wallace-Jackson and me that after you and Bishop

6/11

di far interrogare velocemente l'arcivescovo Nienstedt e chiudere l'indagine," scrive Griffith al vescovo Piché. "Il nunzio disse che gli avvocati non avrebbero dovuto seguire nessun'altra pista, inclusa un'accusa menzionata da molti dei testimoni di Detroit secondo cui l'arcivescovo Nienstedt può aver avuto una relazione sessuale con una Guardia svizzera a Roma. In risposta alle direttive del nunzio apostolico, Voi e il vescovo Cozzens avete cercato consiglio e risposto al Nunzio con una lettera in cui entrambi dichiaravate di essere in disaccordo con la decisione di chiudere l'indagine, facendo notare che la cosa sarebbe stata giustamente vista come un insabbiamento... io ho accolto con entusiasmo la decisione Vostra e del vescovo Cozzens di opporvi e di esprimere in una lettera il vostro disaccordo con la decisione del nunzio!"

La lettera di ammutinamento firmata dai due vescovi ausiliari, tuttavia, avrebbe fatto infuriare il "moralizzatore", che avrebbe ordinato a Piché di distruggerla. "Voi nell'incontro dopo Pasqua del 2014 avete detto a me e al signor Wallace-Jackson [l'altro avvocato che investigava] che dopo che, in aprile, Voi e il vescovo Cozzens avevate mandato la vostra lettera al nunzio apostolico, il nunzio in risposta vi aveva chiesto di ritirarla e distruggerla... Ma la distruzione delle prove è un reato per la legge federale e statale e il fatto che questa richiesta vi sia stata fatta da un rappresentante del papa negli Stati Uniti è alquanto sconcertante! Spero sinceramente e ho fiducia che Voi e/o il vescovo Cozzens non abbiate ottemperato a questa scioccante richiesta/direttiva da parte del nunzio apostolico negli Stati Uniti. Se non lo avete ancora fatto, Vi consiglierei di denunciare al Vaticano, a un'autorità preposta, questa richiesta (o forse quest'ordine) da parte del nunzio di distruggere delle prove."

Non sappiamo a oggi se la missiva sia stata bruciata in un camino o resti nascosta in un cassetto. Con certezza, però, padre Griffith considera Viganò responsabile della decisione di chiudere la faccenda velocemente, "nonostante la presenza di almeno ventiquattro piste, decisione che ha reso l'arcidiocesi complice di insabbiamento e occultamento". Non solo. "La realtà della presente questione dimostra che quando l'arcidiocesi ha cominciato a ricevere le prove dai nostri investigatori capaci e indipendenti, a quanto pare alcuni nell'arcidiocesi e alcuni al di sopra dell'arcidiocesi non sono stati capaci di affrontare la realtà della verità che andava emergendo e la conseguente richiesta di assumersi le proprie responsabilità. Quello a cui si è assistito di fronte all'inoppugnabilità delle prove non è altro che un insabbiamento di vecchio stampo volto a preservare il potere ed evitare scandali e assunzioni di responsabilità. Come risultato, l'arcidiocesi e la Chiesa tutta adesso sta affrontando uno scandalo molto più grave. A ogni stadio dell'indagine, via via che le prove venivano raccolte, i nostri investigatori avevano le mani sempre più legate ed erano ostacolati nel loro compito di portare avanti il proprio mandato originario. A ogni stadio dell'indagine, va evidenziato che la decisione di restringere il campo dell'inchiesta e di concluderla velocemente era in estrema contraddizione con il mandato originario. Ora, considerate le decisioni prese dopo l'incontro del 12 aprile con il nunzio apostolico e considerata anche la lettera del 2 luglio che inibiva il lavoro dei nostri investigatori, l'arcidiocesi è complice di un insabbiamento, e, in parte, responsabile per l'imminente scandalo e l'ulteriore perdita di fiducia da parte dei nostri fedeli."

Il Vaticano non ha voluto commentare il memorandum e la ricostruzione del reverendo, assai diversa dalla verità ufficiale fatta trapelare nel giugno del 2015: le dimissioni di un pezzo importante della curia a stelle e strisce sono state causate solo da "senso di responsabilità istituzionale", e nessuno ha evidenziato le zona d'ombra nel comportamento personale di Nienstedt. Finora le buone intenzioni del reverendo

Griffith, indagare e portare alla luce la verità, non lasciare che accuse e voci restino avvolte nel buio del sospetto e dell'omertà, non hanno portato da nessuna parte. Come abbiamo detto, Nienstedt si è dimesso, ma è ancora arcivescovo emerito e celebra messa in California. Il vescovo ausiliario Cozzens è rimasto al suo posto e nel 2013 è stato promosso da Francesco, diventando titolare della sede vescovile di Bisica, in Tunisia. Viganò nel settembre del 2015 ha accompagnato papa Francesco nel viaggio apostolico negli Stati Uniti, comparendo con lui a ogni evento pubblico. Compreso l'incontro alla nunziatura apostolica tra il papa e l'impiegata del Kentucky Kim Davis, famosa per essersi fatta incarcerare per qualche giorno per non aver voluto concedere una licenza di matrimonio a una coppia omosessuale: l'avvocato della donna ha raccontato che fu proprio Viganò a invitarla per conoscere Francesco. Dall'aprile 2016 l'ex "moralizzatore" è tornato a vivere in Vaticano, in un grande appartamento che gli era stato concesso da papa Giovanni Paolo II e che il monsignore è riuscito a tenere per sé anche durante il servizio come ambasciatore negli Stati Uniti.

L'eredità segreta

C'è un'altra storia che il Vaticano ha preferito coprire con una coltre di silenzio.
Riguarda un pezzo da novanta della curia siciliana, il vescovo emerito di Messina Calogero La Piana. Un potente salesiano nominato nel 2006 da Benedetto XVI metropolita della città: incarico ottenuto, raccontano i bene informati, anche grazie ai buoni uffici dell'allora segretario di Stato Bertone, anche lui appartenente alla società di San Giovanni Bosco. Per nove anni La Piana indossa la mozzetta con rigore inflessibile, respingendo con fermezza le accuse di chi lo considerava troppo vicino al sindaco di

Mazzarrà Sant'Andrea (l'ex seminarista Salvatore Bucolo), e soprattutto rimuovendo e trasferendo arcipreti (come don Salvatore Sinitò e don Maurizio Colbacchini) accusati da voci maligne di aver infranto il sesto comandamento con giovani ragazze e parrocchiane tramutatesi in amanti.

Nel pieno delle funzioni di governo, improvvisamente, il 24 settembre del 2015 Calogero detto "Lillo" annuncia ai fedeli sgomenti di aver dato nelle mani di Francesco rinuncia irrevocabile al mandato pastorale della diocesi. Motivo ufficiale delle dimissioni, spiega la sala stampa vaticana, le difficili condizioni di salute del monsignore. Nient'altro. "Ho notato molti raccoglitori e spargitori di fango che annientano la dignità della persona. Intanto questa Chiesa è stata distrutta, così come la mia famiglia e chi mi sta vicino. Ho servito la città come ho potuto ma non la lascio bene," attaccò durante una conferenza stampa due giorni dopo aver dato la ferale notizia.

In realtà, le dimissioni – più che alla salute – sono dovute all'incredibile vicenda, iniziata qualche anno prima, che ruota attorno all'eredità del signor Rossi (cognome di fantasia). Un uomo mai sposato e senza figli, e da sempre devoto alla Madonna e alle gerarchie ecclesiastiche della città, che, essendosi ammalato gravemente, decide di scrivere un testamento olografo davanti al notaio. Dopo aver deciso di regalare uno dei suoi appartamenti a una lontana parente e una cospicua somma di denaro divisa tra parenti di secondo e terzo grado, decide di nominare erede universale del suo considerevole patrimonio un suo caro amico. Un grande appartamento "con tutto il suo contenuto", "due posti auto", "presepi antichi, quadri di carattere religioso, orologi antichi, icone e statue della Madonna… L'erede universale dovrà poi vendere i gioielli, gli avori, l'argenteria, gli investimenti bancari, titoli, azioni, conti correnti e quant'altro depositato negli istituti bancari e il ricavato per desiderio di mia madre dovrà essere diviso tra Medici senza Frontiere, Casa generale delle suore missionarie di Calcutta e i missionari carmelitani".

In questo testamento compare come beneficiario anche il vescovo La Piana, a cui il signor Rossi decide di donare, come si legge, solo "un crocifisso in argento e corallo". Un anno dopo, però, il testatore – ormai allo stremo delle forze – decide di tornare davanti al notaio. Per rifare il testamento pubblico, chiama due testimoni, davanti ai quali scrive di revocare "l'istituzione d'erede universale contenuta nel testamento olografo, e la nomina del medesimo e del di lui padre ad esecutore testamentario. Istituisco erede universale monsignor Calogero La Piana, il quale sarà tenuto ad adempiere tutti gli oneri da me indicati nel più volte citato testamento olografo". La Piana prende il posto del prediletto amico anche come esecutore testamentario.

Il lascito è milionario, e diventerà esecutivo qualche settimana più tardi, quando il signor Rossi muore. La donazione non è fatta a La Piana in quanto vescovo o capo di una diocesi, ma è indirizzata direttamente alla persona fisica: di fatto, è "Lillo" a ricevere l'appartamento e tutto quello che c'è dentro, ed è sempre lui a dover vendere e gestire i beni, gioielli e obbligazioni comprese, da lasciare in beneficenza.

Nessuno a Messina sa che La Piana è diventato ricco. Per più di due anni del testamento nessuno, in curia, sa nulla. E solo a fine 2015 e inizio 2016 (quando il vescovo emerito, ormai dimissionario, è stato spedito in una parrocchia di Roma e papa Francesco ha mandato nella città dello stretto un amministratore apostolico, il vescovo Antonio Raspanti) i soldi dell'eredità vengono bonificati alle fondazioni benefiche, come conferma a chi scrive l'ufficio stampa di Medici senza Frontiere. Ora, non sappiamo se La Piana abbia, come raccontano i malpensanti, voluto tenere per sé casa e gioielli, o se invece i due anni e mezzo siano serviti al monsignore a risolvere questioni burocratiche prima di dare esecuzione alle ultime volontà del suo caro devoto. Sappiamo, però, che la curia di Messina ed esponenti della Congregazione dei vescovi sono venuti a conoscenza delle motivazioni per cui il signor Rossi decise di cambiare all'improvviso il suo testamento. C'è un biglietto scritto di proprio pugno dal testatore, pochi giorni dopo l'ultimo appuntamento avuto dal notaio, che qualcuno ha deciso di rendere pubblico, quantomeno in Vaticano: "Con questa lettera voglio comunicare che ho avuto con monsignor Calogero La Piana un rapporto bellissimo di rapporti omosessuali che ho tenuto segreto per molti anni, ma penso che ora sia il caso di manifestarli, dato il caso particolare del momento in cui ci troviamo, che potrebbe farli cadere nell'oblio. Questa lettera esporla e farla conoscere in caso di necessità per non far cadere tutto nell'oblio. Gli incontri avvenivano dopo le 22 o le 22 e 30 nel mio studio e spesso è stato incontrato dai miei vicini, dopo le 22, o le 22 e 30".

Chi ha imbrogliato il papa?

Dimentichiamo le chiacchierate relazioni sullo Stretto, e affrontiamo la vicenda di Battista Ricca. Un altro caso evidente della diversità con cui vengono trattate le anime dei prelati e dei fedeli di fronte agli obblighi imposti dalla dottrina, dal catechismo, dai comandamenti.

Il monsignore bresciano è uno che oggi conta parecchio: è stato infatti nominato nel giugno del 2013 prelato ad interim dello Ior, e da allora è uno degli esponenti di punta del cerchio magico di Bergoglio. "Ricca rappresenta gli occhi e le orecchie del papa all'interno della banca vaticana: è il segretario di tutti gli incontri della Commissione cardinalizia che presiede l'istituto, e assiste a tutti gli incontri, anche informali, del Consiglio di sovrintendenza (cioè del board presieduto dal presidente Jean-Baptiste de Franssu, manager vicinissimo a Pell) che lo dirige," spiegano dalla Santa Sede. Ricca ha anche il potere di visionare e studiare ogni documento riservato, e con costanza informa il pontefice sui progressi (o gli inciampi) della riforma finanziaria all'insegna della trasparenza da lui voluta.

Un ruolo chiave, insomma. La promozione del presule però ha fatto storcere il naso a mezza curia. Non solo a coloro che hanno visto ridimensionato il loro potere (i bertoniani su tutti, che nel 2010 avevano spedito il precedente prelato dello Ior, monsignor Piero Pioppo, a fare il nunzio in Camerun e Guinea Equatoriale perché considerato un fedelissimo dell'ex segretario di Stato Angelo Sodano), ma pure a chi conosce bene la carriera accidentata di Ricca, e che per questo non lo considera persona adatta a ricoprire un ruolo così importante.

La bufera, precisa come un cronometro, scoppia a nemmeno un mese dalla sua promozione, a inizio luglio 2013. Grazie a un'inchiesta dettagliata del vaticanista de "l'Espresso" Sandro Magister, che ipotizza come Ricca sia riuscito a ottenere il posto grazie a una "lobby gay" che ha giocato sporco, nascondendo a Bergoglio imbarazzanti precedenti della vita del monsignore attraverso la falsificazione del fascicolo personale, conservato (come quelli di ogni dipendente, laico o ecclesiastico, della Santa Sede) negli uffici della segreteria di Stato.

Quel fascicolo parte da Offlaga, un paesino di 4 mila anime vicino Brescia dove il monsignore è nato sessant'anni fa. È qui che il giovane Battista conosce la vita di parrocchia, ed è qui che decide di farsi prete abbracciando la vocazione. Grazie a capacità indiscusse e buone entrature (su tutte quella con il cardinale Battista Re, originario delle stesse terre), Ricca si trasferisce in città e prende i voti, per poi – a partire dal 1989 – coronare il suo sogno, intraprendendo una brillante carriera diplomatica come ambasciatore vaticano. Viaggia senza sosta al servizio di vari nunzi apostolici, prima in Congo, poi in Algeria, Colombia, Svizzera e Uruguay. Nella capitale dello stato sudamericano, Montevideo, Ricca arriva nel 1999. Stavolta qualcosa non va per il verso giusto.

Ricca in Sudamerica infatti non arriva da solo. Da Berna porta con sé un capitano dell'esercito svizzero, Patrick Haari, un uomo con cui aveva stretto tra le montagne svizzere una grande amicizia.

Il diplomatico chiede così all'allora nunzio Francesco De Nittis di assegnare un ruolo anche all'amico, e di garantirgli un alloggio in nunziatura. Richieste che cadono nel vuoto. Ma quando De Nittis va in pensione, pochi mesi dopo, e Ricca diventa responsabile ad interim della nunziatura uruguaia in attesa del sostituto da Roma, il capitano riesce a sistemarsi finalmente in ambasciata, ottenendo sia un tetto sopra la testa sia uno stipendio dignitoso. Nessuno, in Vaticano, protesta per la decisione. Alla segreteria di Stato l'ufficio degli Affari generali era presieduto da Battista Re, in grande ascesa e in procinto di diventare cardinale.

Nell'inchiesta Magister elenca documenti e fonti interne, che evidenziano come per Ricca e lo svizzero le cose si mettono male appena il nuovo nunzio, il polacco Janusz Bolonek, scende dalla scaletta dell'aereo ed entra in prefettura scoprendo il "ménage". L'alto prelato prima chiede a Ricca l'immediato allontanamento di Haari, poi – a causa del netto rifiuto – invia lettere al Vaticano, protestando vivamente per una situazione considerata inaccettabile, supplicando affinché le autorità santissime gli inviino un nuovo assistente "moralmente sano". Su questa vicenda Ricca non ha mai smentito una virgola di quanto scritto. Anche perché i documenti parlano chiaro. "Nei primi mesi del 2001 Ricca incappò in effetti in più di un incidente per la sua condotta sconsiderata. Un giorno, come altre volte – e nonostante gli avvertimenti ricevuti – si recò in Bulevar Artigas in un locale di incontri tra omosessuali, fu picchiato e dovette chiamare in aiuto dei sacerdoti per essere riportato in nunziatura con il volto tumefatto," spiega Magister. Nell'agosto del 2011 al monsignore accade un'altra disavventura: Ricca rimane bloccato nell'ascensore del palazzo della nunziatura nel bel mezzo della notte insieme a un ragazzo che – si legge dai documenti – fu identificato dalla polizia. L'episodio è la goccia che fa traboccare il vaso: monsignor Bolonek torna alla carica con i colleghi in Vaticano, ottenendo stavolta l'allontanamento del capitano svizzero e soprattutto del monsignore, che fu trasferito dall'Uruguay nella piccola nunziatura di Trinidad e Tobago.

Haari fece ritorno a casa, in Europa. Lasciando però a Montevideo un baule con tutti i suoi effetti personali: un rapporto della nunziatura spiega che all'apertura del mobile, avvenuta qualche anno più tardi dalla partenza della coppia, tra vestiti e altri effetti personali furono trovati una pistola, subito consegnata alla polizia uruguaiana, alcuni pacchi di preservativi e materiale pornografico.

Ricca nel 2005, a causa pare dei cattivi rapporti anche con il capo dell'ambasciata vaticana del piccolo paese africano, rientra definitivamente a Roma, dove comincia una seconda vita. Inizia una scalata nella curia totalmente imprevista e resa possibile anche dal fatto che qualcuno decide di non inserire nel suo fascicolo individuale i rapporti durissimi firmati da Bolonek, né altri documenti che ne attesterebbero le "cattive condotte".

Nella sua cartellina troviamo invece gli incarichi ottenuti al suo ritorno in Santa Sede: tolto dal servizio diplomatico sul campo, entra negli uffici degli Affari generali della segreteria di Stato e nel 2008 passa alla seconda sezione del dicastero adibita ai rapporti con gli Stati. Nel 2012 il curriculum segnala una nuova promozione, quando diventa "consigliere di nunziatura di prima classe". Viene prima incaricato della gestione e del controllo del flusso di cassa da decine di milioni di euro destinato alle nunziature di tutto il mondo, infine nominato direttore di alcune residenze vaticane adibite ai prelati stranieri in visita a Roma: tra queste c'è il residence di via della Scrofa, in cui amava alloggiare l'arcivescovo argentino Bergoglio quando era in città, e quello di Santa Marta, all'interno delle mura leonine, dove conosce e tesse relazioni con alte gerarchie di ogni paese. È così che Ricca conosce Francesco, da cui si farà rapidamente apprezzare. Tanto da essere nominato, nel 2013, prelato ad interim della Banca Vaticana.

Pochi mesi dopo due inchieste de "l'Espresso" svelano la storia della presunta omosessualità del presule e, soprattutto, le manovre per nascondere la verità, volte prima a frenare le indagini interne, poi a lasciare fuori dal fascicolo personale qualsiasi notizia imbarazzante ("Nei confronti di monsignor Ricca ho fatto quello che il diritto canonico dice di fare: ho fatto la *'investigatio praevia'* e in questa non c'è niente di ciò di cui lo accusano, non abbiamo trovato niente", disse Francesco). Se subito dopo lo scandalo padre Lombardi gettò acqua sul fuoco spiegando che le notizie su don Battista "non sono attendibili" (Ricca invece non ha mai fatto smentite, precisazioni, né tantomeno querele di sorta), alcune fonti anonime della curia di Montevideo sostennero su "El Pais" che la storia della "conducta escandalosa" fosse "tutta vera". Ancor più chiaro è il segretario generale della Conferenza episcopale dell'Uruguay, Heriberto Bodeant: "Ricca o modificò la sua condotta, o, cosa deplorevole, non modificò la sua condotta ma fece molta attenzione a non causare altri scandali. Posso soltanto fare delle supposizioni. Che cosa successe poi, con quel trasferimento? Non ho modo di saperlo. Potrebbe aver deciso seriamente di redimersi e poi ha dimostrato con il suo comportamento che si era trattato solo di un episodio isolato? Può essere. Può darsi che avesse degli amici e che questi abbiano sistemato un po' le cose? Tutto può essere". L'alto prelato parlò con un piccolo portale online del suo paese, il Montevideo Portal, e le sue dichiarazioni, mai riportate da altri organi di informazione, evidenziano tutte le falle della smentita vaticana. "Ho scoperto solo adesso dell'esistenza di Ricca... Trattandosi di una persona della nunziatura, la cosa fu gestita dalla nunziatura: queste cose si risolvono all'interno della segreteria di Stato, che è l'organismo della Santa Sede dal quale dipendono le nunziature. Da quello che si legge ebbe un comportamento piuttosto scandaloso, ma non mi sembra che siano stati commessi dei reati. Mi sembra molto più una questione interna e mi pare che la misura del trasferimento sia stata più che altro una sorta di avvertimento. Suppongo che ci siano stati degli ammonimenti. Davanti a un qualche segno strano o sospetto e ancora di più nel caso in cui ci sia il rischio di una vera e propria denuncia, noi vescovi abbiamo il dovere di investigare: se qualcuno mostra segni di una condotta inadeguata, i vescovi devono richiamarlo e invitarlo ad abbandonare questa condotta."

La macchina del fango

Ma bisogna fare molta attenzione. Se il comportamento di numerosi prelati sembra assai discutibile rispetto ai precetti della dottrina cattolica, e se la presenza di una lobby gay è stata confermata dai due papi, non è affatto escluso che, sia nella "Relatio" sia nelle denunce che arrivano alla Congregazione per i vescovi e a quella per la dottrina della fede, vengano raccontate anche storie fasulle, insinuazioni e maldicenze diffuse ad arte per colpire nemici o gruppi di potere contrapposti a quelli dei diffamatori.

È un altro effetto perverso della morale vaticana: l'omosessualità diventa un'arma letale, una perfetta accusa calunniosa. Da sempre, in Vaticano, gossip inattendibili e lettere anonime con annesse imputazioni di omosessualità vengono usati per azzoppare avversari, per frenare ascese o favorire discese, per imporre il proprio dominio a dispetto di altre forze in campo. "So che un prelato era tenuto sotto scacco a motivo delle sue relazioni omosessuali da una fazione interessata a ottenere l'inserimento di qualche frase in alcuni documenti della Santa Sede," racconta lo studioso cattolico Vittorio Messori a un vaticanista vicinissimo a Francesco, Andrea Tornielli. "Il problema non è tanto quello delle lobby, ma il fatto che un ecclesiastico con la doppia vita è ricattabile. È una cosa nota anche alla Chiesa che conventi e seminari hanno sempre attratto un numero di omosessuali molto superiore alla media. C'è chi spinge a dire che addirittura un terzo dei preti avrebbe questa tendenza, anche se bisogna sempre distinguere la tendenza dalla pratica."

È certo, secondo i magistrati di Roma, che l'ex prete pedofilo don Patrizio Poggi, cacciato dalla Chiesa con ignominia, insieme ad altri due preti abbia accusato alti prelati di comportamenti omosessuali e pedopornografici: accuse false messe a verbale ai carabinieri per vendetta, per infangare i superiori che non avevano voluto reintegrarlo dopo gli anni passati in carcere (il prete e i complici sono finiti a processo per calunnia). Non è un caso che per screditare l'allora segretario di Stato Tarcisio Bertone monsignor Viganò, al tempo governatore della Città del Vaticano, abbia mandato una lettera accusando di "omosessualità" uno dei più stretti collaboratori del cardinale Bertone, con una missiva finita poi negli atti della "Relatio". E non è per accidente che nel 2009 il direttore del giornale dei vescovi "Avvenire" Dino Boffo (appartenente a una cordata della Conferenza episcopale italiana, avversaria di quella di credo bertoniano) sia stato pagato con la stessa moneta, e costretto alle dimissioni dopo la pubblicazione di una "velina" che lo definiva un "noto omosessuale attenzionato dalla polizia". Una falsa notizia pubblicata dal quotidiano "il Giornale", controllato dalla famiglia di Silvio Berlusconi, l'allora premier a cui Boffo aveva rivolto alcune critiche per gli scandali sessuali (in particolare quelli con l'escort Patrizia D'Addario) in cui era coinvolto.

La storia di Boffo e della macchina del fango che l'ha travolto è sintomatica dei veleni vaticani, e definisce anche il modus operandi con cui si combattono lobby contrapposte, che usano in battaglia le medesime strategie. Il "Giornale", allora diretto da Vittorio Feltri e dal vice Alessandro Sallusti, pubblicò contro il direttore vicinissimo al cardinale Camillo Ruini due documenti. Il primo, autentico, riguardava una sentenza amministrativa rilasciata dal casellario giudiziario, e già pubblicata anni prima. Il secondo documento, inedito, fu venduto da Feltri come un'esclusiva informativa di polizia.

L'intestazione della missiva che elencava aspetti privati della vita del direttore cattolico era però davvero anomala: "Riscontro a richiesta informativa di Sua Eccellenza". In realtà il quotidiano aveva pubblicato un minidossier che tre mesi prima era stato recapitato in una busta anonima a tutti i vescovi italiani, composto dalla fotocopia del casellario giudiziario che conteneva la storia di un'ammenda pagata da Boffo per aver effettuato molestie telefoniche (nel 2004 era stato infatti querelato da una giovane ragazza di Terni, una vicenda che si concluse con una multa da 516 euro e un decreto penale di condanna) e da una lettera che spiegava i dettagli della vicenda. Il giornale azzarda anche una tesi: Boffo avrebbe avuto una relazione non con la ragazza, ma con il suo fidanzato.

Se i vescovi, come diranno monsignor Giuseppe Betori, arcivescovo di Firenze, e Domenico Mogavero, vescovo di Mazara del Vallo, non daranno alle accuse alcun conto ("sembrava un avvertimento mafioso", aggiungono), qualcuno altro all'interno delle Sacre Mura decide invece di usare la nota infamante (mai stata agli atti di nessuna procura) contro il direttore. Accusandolo "di omosessualità". Per il datore di lavoro di Boffo, la Cei, un peccato mortale.

"Finché questi censori speculeranno su ciò che accade sotto le lenzuola altrui," scrive Feltri riferendosi al caso D'Addario, "noi ficcheremo il naso (turandocelo) sotto le loro." Nonostante le polemiche furibonde sul falso scoop, Feltri difenderà tenacemente il suo lavoro per settimane. Dai microfoni di RadioUno afferma che la velina intestata a "Sua Eccellenza" non sarebbe affatto una bufala, ma un fascicolo proveniente da non meglio precisati "servizi segreti vaticani". Nonostante le smentite del ministero degli Interni e della sala stampa d'Oltretevere, chi voleva la testa di Boffo vince la partita: il direttore lascia l'incarico "affinché la mia vicenda non gravi sui delicati equilibri della Conferenza episcopale e sui rapporti fra Chiesa e Stato".

L'assassinio mediatico è compiuto, ma il 4 dicembre 2009 Vittorio Feltri ingrana a sorpresa la retromarcia. Rispondendo a una sua lettrice ammette di aver montato uno scandalo basato sul nulla. In un articolo dal titolo *Boffo, il caso è chiuso*, torna sulla famosa informativa indirizzata a "Sua Eccellenza": "La ricostruzione dei fatti descritti nella nota, oggi posso dire, non corrisponde al contenuto degli atti processuali. All'epoca giudicammo interessante il caso per cercare di dimostrare che tutti noi faremmo meglio a non speculare sul privato degli altri, perché anche il nostro, se scandagliato, non risulta mai perfetto. La cosa da piccola divenne grande ma forse sarebbe rimasta piccina se Boffo, invece di segretare il fascicolo, lo avesse reso pubblico, consentendo di verificare che si trattava di una bagatella e non di uno scandalo. Dalle carte, infatti, Boffo non risulta implicato in vicende omosessuali, tanto meno si parla di omosessuale attenzionato".

Ma Feltri, in un'intervista per "l'Espresso" che gli feci insieme a Nello Trocchia, nel luglio del 2014 racconterà un altro pezzo della vicenda. "Fu Alessandro Sallusti a dirmi che la fonte della velina su Dino Boffo era il cardinale Tarcisio Bertone, che l'aveva data a Luigi Bisignani e Daniela Santanchè. Poi era arrivata a Sallusti. È questo quello che ho raccontato ai magistrati. Davanti ai pm si deve dire la verità." Un'intervista che di fatto confermò quello che lui stesso confidò nel 2012 a un giudice della procura di Napoli: il pm Gianfranco Scarfò, in forza alla procura di Napoli, aveva infatti chiamato Feltri in gran segreto nei suoi uffici sotto il Vesuvio per interrogarlo come persona informata sui fatti. Il magistrato cercava di capire chi era entrato nel casellario giudiziario per cercare informazioni su Boffo, e chiese al giornalista quale fosse la genesi della notizia infamante pubblicata il 28 agosto 2009 sulla prima pagina de "il Giornale". "Dissi al pm che la catena era Santanchè, Bisignani, Bertone... è quello che mi fu detto da Sallusti, quando lui era condirettore," spiega Feltri. "Dopo, non so se fosse vero... Io ero il direttore, e mi sono fidato senza pormi tanti problemi. Mi sembrava che fosse assolutamente credibile. Però io non so se posso dirvi queste cose, il magistrato mi chiese di non raccontarle a nessuno... Anche se dopo tanto tempo, forse, si possono dire. C'era una fotocopia dove si raccontavano certi fatti, io ho dato un'occhiata. Quando ho saputo che la fonte era quella ovviamente mi sono fidato. Poi non lo so... visto quello che è successo facevo bene a non fidarmi. È facile dirlo dopo, ma quando il tuo condirettore ti viene a dire una cosa del genere, non è che metti in dubbio la sua parola. Nel pomeriggio mi hanno detto che era tutto tranquillo, tutto normale. Io ho dato il via alle pubblicazioni senza la minima preoccupazione. Ho detto al magistrato che Sallusti mi disse che l'origine di quella velina era Bertone. Non potevo fregarmene di questa roba, mi ha detto che la fonte, la provenienza era quella. Mi sono fidato."

Feltri spiegò poi (al "Foglio") che la velina gli era arrivata "da una personalità della Chiesa della quale ci si deve fidare istituzionalmente" e aggiunse (a "Repubblica") che la Santanchè gli annunciò che il cardinale Bertone l'avrebbe invitato in Vaticano per ringraziarlo di aver pubblicato la storia di Boffo. "Quell'invito da Bertone però non mi è mai arrivato."

Una volta davanti al magistrato Sallusti negò in toto la versione del suo vecchio maestro. Mentre l'ex segretario di Stato, allontanando ogni addebito e illazione, decise di querelare non solo Feltri, ma anche il sottoscritto che aveva riportato le sue dichiarazioni. La procura di Roma ha deciso di mandare a giudizio entrambi: il processo è ancora in corso. Gli unici a pagare per la distruzione mediatica del direttore di "Avvenire" sono stati due cancellieri in servizio al tribunale di Teramo e di Santa Maria Capua Vetere, condannati in secondo grado a un anno e due anni di galera per essere entrati nel casellario giudiziario di Boffo illegalmente. Feltri è oggi direttore di "Libero", Sallusti guida "il Giornale", e il cardinal Bertone vive felice in Vaticano, nel suo splendido appartamento di 300 metri quadrati con impianto stereo della Bose da 19.000 euro.

Indice dei nomi

Allen, John, decano dei vaticanisti americani 60
Amadori, Giacomo, giornalista di "Libero" 173
Amato, Angelo, cardinale e arcivescovo, segretario della Congregazione per la dottrina della fede *poi* prefetto della Congregazione delle cause dei santi 89, 92, 93
Anatrella, Tony, monsignore, teologo e psicanalista gesuita francese 141-142-143
Anderson, Jeff, avvocato delle vittime del clero negli Stati Uniti 179
Andreotti, Giulio, presidente democristiano del Consiglio 61
Anello, don Salvatore, sacerdote esorcista a Palermo 140
Antonelli, Ennio, arcivescovo di Firenze 131, 132, 134-135
Arteaga Manieu, Andrés, capo dell'Unione sacerdotale 66

Bagnasco, Angelo, cardinale capo della Conferenza episcopale italiana 137, 138, 174
Baker, Wilfred, prete 32, 33
Balducci, Angelo, gentiluomo di Sua Santità 172-173
Ballerini, don Claudio, vicedirettore al seminario Maria Immacolata di Brescia 123
Barbarin, Philippe, cardinale e arcivescovo di Lione e primate delle Gallie 13, 100, 101-105
Bardini, don Filippo, prete di Albenga 148
Baresi, don Marco, vicedirettore al seminario Maria Immacolata di Brescia *dopo* don Ballerini 124-125

Barros Madrid, Juan, vescovo di Osorno in Cile 63, 74-76
Becciu, Giovanni Angelo, arcivescovo, sostituto per gli affari generali della segreteria di Stato 160
Bedetti, Enrico, vescovo, ex vicario diocesano di Como 119
Belsito, Paola, giudice per le indagini preliminari a Firenze 133
Benedetto XVI (Joseph Ratzinger), papa 44, 45, 50, 52, 53, 54, 79, 85, 92, 93, 99, 108, 118, 119, 131, 133, 150, 151, *152*, 155, 156, 157, 159, 164-167, 172, 187, 195
Bergoglio, Jorge Mario *vedi* Francesco, papa
Berlusconi, Silvio 196
Bernardini, Adriano, arcivescovo e visitatore apostolico 145
Berríos, don Felipe, gesuita 73
Bertone, Tarcisio, cardinale, segretario della Congregazione per la dottrina della fede *poi* segretario di Stato vaticano 9, 12, 44, 52, 53, 92, 93, *94*, *95*, 157, 182, 187, 196, 198, 199, 200
Betori, Giuseppe, cardinale e arcivescovo di Firenze 135, 197
Billé, Louis-Marie, cardinale e arcivescovo di Lione 103
Bisignani, Luigi, faccendiere ed ex giornalista 198, 199
Blanchetti, don Angelo, prete di Brescia 125-126
Blanco, Alvaro, prete del Costarica 57
Bodeant, Heriberto, vescovo, segretario generale della Conferenza episcopale dell'Uruguay 194-195
Boffo, Dino, direttore del giornale dei vescovi "Avvenire" 196-200
Boggia, Marinella, direttrice del co-

ro del Conservatorio di Como 127-128
Bolonek, Janusz, cardinale polacco, nunzio apostolico in Uruguay 192, 193
Borghetti, Guglielmo, vescovo di Albenga 144, 147
Borrell, Augustí, vicario dei carmelitani scalzi 177
Brundage, padre Thomas, giudice del tribunale della diocesi statunitense 92-93
Bucolo, Salvatore, ex seminarista, sindaco di Mazzarrà Sant'Andrea 188

Calcagno, Domenico, cardinale, vescovo di Savona *ora* presidente dell'Amministrazione del Patrimonio della Sede Apostolica (Apsa) 12, 148, 149-151, *152*, 153, 154
Calderón, Jesús García, procuratore capo del tribunale di Granada 96
Caliandro, Domenico, vescovo di Brindisi 111
Camaldo, Francesco, monsignore, cerimoniere del papa e canonico della basilica di San Pietro 173
Canessa, Paolo, pubblico ministero a Firenze 133, 134
Cannistrà, don Saverio, superiore generale dei carmelitani scalzi di Roma 177
Cantini, don Lelio, priore a Firenze 129-134
Cantoni, Oscar, vescovo di Crema *poi* vescovo di Como 118, 119, 120
Caramia, don Francesco, parroco di Brindisi 111
Carraro, Giuseppe, vescovo di Verona 116
Casey, Danny, economo di fiducia del cardinal Pell 44
Casiraghi, don Italo, parroco di Gordola (Svizzera) 146
Castrillón Hoyos, Darío, cardinale, prefetto della Congregazione per il clero 78
Cavaliere, Sergio, avvocato dell'associazione internazionale antipedofilia Snap 117
Chamley, Wayne, portavoce di Broken Rites (organizzazione delle vittime) 45
Charamsa, Krzysztof, monsignore polacco, professore alla Pontificia università gregoriana e membro della Congregazione per la dottrina della fede 176
Chiarenza, don Carlo, prete di Palermo 138
Colbacchini, don Maurizio, parroco di Lipari (Messina) 188
Coletti, Diego, vescovo di Como 126, 127, 128, 129
Collins, Marie, membro della Commissione antipedofilia 135
Conry, Kieran, vescovo inglese 86
Conti, don Ruggero, prete della periferia romana 114
Corradi, don Danilo, superiore dell'Istituto Provolo per sordomuti a Verona 116
Corradi, don Nicola, prete dell'Istituto Provolo per sordomuti a Verona 117
Courtin, Judy, ricercatrice 19
Cozzens, Andrew, vescovo vicario di Minneapolis *ora* vescovo in Tunisia 182, 185, 187
Crociata, Mariano, vescovo, segretario della Cei 115

D'Addario, Patrizia, 197, 198
Damiani, don Vittorio, prete del bergamasco 123
Daniel, David, prete 32
Danneels, Godfried, cardinale e arcivescovo di Bruxelles 13, 100, 106-110
Davis, Kim, impiegata comunale del Kentucky 187
Davis, Nicky, esponente delle organizzazioni delle vittime 22
De Caro, Massimo, ex direttore della biblioteca dei Girolamini di Napoli 145
De Giorgi, Salvatore, cardinale e arcivescovo membro dell'Entità (Servizi segreti del Vaticano) 156
De Nittis, Francesco, arcivescovo, ex nunzio apostolico in Uruguay 192
De Paolis, Velasio, cardinale e arcivescovo, presidente emerito della

Prefettura degli affari economici della Santa Sede 177
Decourtray, Albert, cardinale e arcivescovo di Lione 103
Del Ninno, Giuseppe, portavoce dei fedeli che hanno firmato la lettera-denuncia ai carmelitani scalzi di Roma 177
Dell'Utri, Marcello, ex senatore 145
Devillé, Rik, ex sacerdote fiammingo 107
Di Maggio, don Calcedonio, prete di Palermo 138
Di Martino, Roberto, procuratore di Cremona 117, 120-122
Diaz, don Juan, vicario gesuita 64, 65
Diletti, don Matteo, prete del bergamasco 123
Dolan, Timothy, arcivescovo di New York, capo della Conferenza episcopale statunitense 12, 87-89, *90*, *91*, 92-93
Dowlan, Edward, prete 38
Drenann, Martin, vescovo irlandese 86

Egerton, Brooks, reporter investigativo 59-60
Ehiem, Chinedu Thomas, corista nigeriano in Vaticano 173
Elice, don Roberto, parroco di Palermo 137-140
Errázuriz, Francisco Javier, cardinale cileno, membro del C9 11, 63-69, *70-72*, 73-74, 104
Escudero, padre Eliseo, promotore di giustizia della diocesi di Santiago del Cile 66
Ezzati, Ricardo, cardinale e arcivescovo di Santiago del Cile 63, 73, 74

Facchi, don Luigi, parroco di Ome (Brescia) 123-124
Feltri, Vittorio, direttore del "Giornale" 197-200
Finn, Robert, vescovo di Kansas City 86
Flynn, Harry, ex arcivescovo di Minneapolis 180
Formigoni, Roberto 121
Forsgren, Matthew, avvocato dello studio legale Greene Espel 181-182
Forte, Bruno, arcivescovo di Chieti-Vasto, segretario speciale del sinodo 168
Fox, Arthur, vescovo di Melbourne 28
Francesco (Jorge Mario Bergoglio), papa 9, 10, 11, 12, 13, 15, 19, 31, 36, 41, 43, 44, 45, 46, 47-49, 50, 51, 56-57, 63, 67, 69, 73-79, 81, 83-86, 87, 93, 96, 98, 100, 101, 106, 107, 110, 112, 113, 117, 119, 120, 121, 123, 128, 129, 134, 135, 135-136, 137, 141, 142, 143-144, 145, 146, 149, 157, 160-162, 167-168, 170, 171, 172, 173, 175, 176, 178, 179, 185, 186, 187, 188, 189, 190, 191, 194, 195, 196
Franssu, Jean-Baptiste de, economista francese, presidente dell'Istituto per le opere di religione 191
Fresno Larraín, Juan Francisco, cardinale cileno 65, 74
Furness, Gail, avvocato della Commissione d'inchiesta 39

Gabriele, Paolo, maggiordomo di Benedetto XVI 156
Galantino, Nunzio, vescovo, segretario generale della Conferenza episcopale italiana 137
Gannon, Desmond, prete 32, 33
Giaccardi, don Renato, prete di Pietra Ligure 146
Gidi, Marcelo, prete, professore della Pontificia università gregoriana 65
Giorgi, Fiorenza, giudice a Savona 153-154
Giovanni Paolo II (Karol Wojtyła), papa 36, 43, 52, 83, 156, 159, 187
Giovanni XXIII (Giuseppe Angelo Roncalli), papa 52
Giraudo, don Nello, viceparroco di Valleggia *poi* di Spotorno (Savona) 148-151, *152*, 153-154
Giussani, monsignor Luigi, fondatore di Comunione e Liberazione 118
Giusto, Andrea, vescovo vicario di Savona 148, 149, 150
González Nieves, Roberto Octavio, cardinale portoricano 81

Gonzalez, Jessica, giudice istruttore 64
Goodall, Terence, prete 41-42
Green, Timothy, prete, testimone 38
Griffith, Dan, prete, delegato alla sicurezza della diocesi di Minneapolis 179-187
Groër, Hans Hermann, cardinale e arcivescovo di Vienna 98
Grossman, Claudio, giurista americano del Washington College of Law 80
Gullé, Alejandro, procuratore generale argentino 117

Haari, Patrick, capitano dell'esercito svizzero 192-193
Hart, Denis James, arcivescovo 31-32, 33
Healy, Shane, direttore della Comunicazione della diocesi 32
Herranz, Casado Julián, cardinale e arcivescovo spagnolo, presidente emerito del Consiglio per i testi legislativi, presidente emerito della Commissione disciplinare della curia, membro dell'Opus Dei e membro dell'Entità (Servizi segreti del Vaticano) 156
Hollande, François, presidente della Repubblica francese 102, 170, 171
Hummes, Cláudio, cardinale, prefetto per la Congregazione per il clero 89, *90*, *91*, 92

Invernizzi, don Siro, viceparroco a Cugliate (Varese) 113
Inzoli, don Mauro, prete di Comunione e Liberazione, parroco a Cremona 12, 117-123

Joubert, Bruno, ambasciatore francese presso la Santa Sede 170

Karadima, Fernando, prete di Santiago del Cile 11, 63-69, *70-72*, 73-76
Keneally, Kristina, ex primo ministro del Nuovo Galles del Sud 45
Kirchner, Cristina, presidente della Repubblica argentina 172

Kligger, Peter, sacerdote della diocesi di Osorno 75
Kouchner, Bernard, ministro degli Esteri francese 171

La Piana, Calogero detto "Lillo", vescovo emerito di Messina 10, 187-190
Ladaria Ferrer, Luis, arcivescovo gesuita spagnolo, segretario della Congregazione per la dottrina della fede 151
Ladaria, Luis Francisco, segretario della Congregazione per la dottrina della fede 105
Lafranconi, Dante, vescovo di Savona *poi* di Cremona 149, 153, 154
Lanneau, Paul, vescovo, braccio destro del cardinale Danneels 107
Law, Bernard Francis, cardinale e arcivescovo statunitense 61, 62, 115
Lazzarotto, Giuseppe, arcivescovo, rappresentante della Santa Sede in Irlanda *ora* nunzio papale in Israele 99-100
Leder, Richard, avvocato di fiducia della diocesi 21, 27, 29
Legrottaglie, Franco, prete di Ostuni 111-112
Lemmo, Lucio, vescovo ausiliare di Napoli 113
Léonard, André-Joseph, vescovo di Bruxelles 106
Lesmo, don Alberto Paolo, parroco di Milano 114
Licciardello, don Carmelo, parroco di Dolcedo (Imperia) 146
Little, Thomas "Frank", arcivescovo di Melbourne 19, 20, 38
Livieres, Rogelio, vescovo di Ciudad del Este (Paraguay) 86, 145-146
Lombardi, padre Federico, ex direttore della sala stampa del Vaticano 47, 67, 79, 84, 157-158, 194
López Rodríguez, Nicolás de Jesús, cardinale e arcivescovo dominicano 82
Lopez, prete, canceliere dell'arcidiocesi di Tegucigalpa 60
Lorefice, Corrado, cardinale e arcivescovo di Palermo 140

Luparia, Marco Ermes, diacono, psicoterapeuta 115
Lupi, Vittorio, vescovo emerito di Savona 151, 154

Mäder, Elmar, comandante delle Guardie svizzere 159-160
Maggiolini, Alessandro, vescovo di Como 119
Magister, Sandro, giornalista de "l'Espresso" 191, 192, 193, 194
Mahony, Roger, cardinale e arcivescovo cattolico 98
Mangiacasale, don Marco, parroco, economo della diocesi di Como 126-129
Maniago, Claudio, vescovo vicario di Firenze *ora* vescovo di Castellaneta (Puglia) 131, 132, 133-134, 135
Maradiaga, Óscar Rodríguez, cardinale e arcivescovo honduregno, membro e coordinatore del C9 del Vaticano 11, 57, 59, 60, 61-63, 160
Marchese, don Paolino, prete di Palermo 138
Maroni, Roberto 121
Marrucci, Luigi, vescovo di Civitavecchia 113
Marsano, don Sandro, segretario personale di don Piccoli 145
Martinez Fernandez, Francisco Javier, arcivescovo di Granada (Spagna) 93, 96-98
Martínez, Román, parroco di San Juan de Vianney, Granada (Spagna) 93, 96-98
Massaferro, don Luciano, ex parroco di Alassio (Savona) 145, 147
Mattiolo, Gay, stilista 173
McClelland, Peter, capo dei giurati 46
Messori, Vittorio, studioso cattolico 196
Migliore, Celestino, arcivescovo, nunzio apostolico in Russia, ex osservatore della Santa Sede all'assemblea delle Nazioni Unite 169
Milito, Francesco, vescovo di Oppido Mamertina (Calabria) e vicepresidente della Cei 112
Miriano, Costanza, giornalista 93

Mogavero, Domenico, vescovo di Mazara del Vallo 197
Monari, Luciano, vescovo di Brescia *ora* presidente della Commissione episcopale per la dottrina della fede della Cei 124-125
Moreno Antonio, pubblico ministero di Granada (Spagna) 96, 98
Mulkearns, Ronald, vescovo della diocesi di Ballarat (Melbourne) 37, 39
Müller, Gerhard Ludwig, cardinale prefetto della Congregazione per la dottrina della fede 55-56, 136, 141
Mura, don Silverio, prete di Napoli 113
Murphy, Lawrence, reverendo di Milwaukee 88, 92
Murphy, Yvonne, giudice irlandese (Rapporto Murphy) 86, 99

Nienstedt, John Clayton, arcivescovo di Minneapolis 178-187
Noli, don Luigi, prete, amico di don Scarano 175
Nuvola, don Aldo, prete di Palermo 138
Nuzzi, Gianluigi, giornalista 116

O'Donnell, Kevin, prete australiano 15-31, 33, 37
O'Malley, Sean Patrick, cardinale di Boston e presidente della Pontificia commissione per la tutela dei minori 83-84, 142
Oko, Dariusz, prete e teologo polacco, dottore di ricerca del dipartimento di filosofia dell'università pontificia di Cracovia 158-159
Oliva, Francesco, vescovo di Locri (Calabria) 112
Oliveri, Mario, ex vescovo di Albenga 144-148
Ossa, Diego, prete, collega di Karadima 68
Ouellet, Marc, cardinale e arcivescovo canadese 44, 141, 147

Pagotto, Aldo di Cillo, arcivescovo brasiliano 86-87
Pandolfi, don Roberto, ex esorcista

della diocesi di Como *ora* trasferito a Grandate 127-129
Paolo VI (Giovanni Battista Montini), papa 157, 163-164
Parente, Alfonso, frate cappuccino 147
Parolin, Pietro, cardinale e arcivescovo, segretario di Stato di papa Francesco 19, 113, 171
Pell, George, cardinale e arcivescovo, membro del C9 del Vaticano e primo prefetto della Segreteria per l'economia 11, 18-22, *23-26*, 27, 29, 31, 32-34, *35*, 36-49, 57, 73, 84, 104, 141, 191
Pell, George, cardinale e arcivescovo, membro del C9 e primo prefetto della Segreteria per l'economia
Peschiulli, don Giampiero, parroco di Brindisi 111
Pican, Pierre, vescovo francese di Bayeux e Lisieux 78
Piccoli, don Eligio, prete dell'Istituto Provolo per sordomuti a Verona 116
Piccoli, don Paolo, prete di Albenga 145
Piché, Lee Anthony, vescovo vicario di Minneapolis 179, 181, 182, 185
Piera, Nuria, giornalista dominicana 81, 82
Pinochet, Augusto, dittatore cileno 74
Pio XI (Achille Ratti), papa 52
Pioppo, Piero, monsignore, ex prelato dello Ior *ora* nunzio in Camerun e Guinea Equatoriale 191
Piovanelli, Silvano, cardinale e arcivescovo di Firenze 131, 133, 134
Poggi, don Patrizio, ex prete, vicario parrocchiale a Roma 196
Poletti, Ugo, cardinale vicario di Roma 173
Poust, Dennis, portavoce dei vescovi americani 88
Preynat, Bernard, prete di Lione 100-106

Raffaele, padre, segretario di don Cannistrà 177
Raspanti, Antonio, vescovo, amministratore apostolico a Messina 189
Ratzinger, Joseph *vedi* Benedetto XVI, papa
Re, Battista, cardinale bresciano, ex prefetto della Congregazione per i vescovi a Roma *ora* presidente dell'ufficio degli Affari generali 180, 191, 192
Riboldi, Antonio, vescovo emerito di Acerra (Napoli) 124
Ricca, Battista, monsignore bresciano, prelato ad interim dello Ior 190, 191-195
Ridsdale, Gerald, prete 37, 39-41
Riva, Angelo, vescovo vicario episcopale e direttore del giornale diocesano di Como 128
Robinson, Geoffrey, vescovo 34, 36
Rodríguez, Ovidio, parroco di Suyapa (Honduras) 60
Romeo, Paolo, cardinale e arcivescovo di Palermo 137, 140
Rota, don Diego, parroco di Solza (Bergamo) 123
Ruini, Camillo, cardinale, vicario di Roma e presidente della Conferenza episcopale italiana (Cei) 131, 176, 197
Rutigliano, don Francesco, parroco a Civitavecchia 112-113

Sallusti, Alessandro, vice direttore del "Giornale" 197, 198, 199, 200
Salvini, Matteo 100
San Casimiro Fernández, Angel, vescovo di Ciudad 57, 59, 63
Sandberg, Kirsten, giurista norvegese della Commissione Onu sui diritti dell'infanzia 76-81
Sandri, Leonardo, cardinale e arcivescovo argentino 141
Sanguineti, Giulio, vescovo di Savona 149
Santanchè, Daniela 198, 199
Santoro, Filippo, arcivescovo di Taranto 178
Sarkozy, Nicolas, presidente della Repubblica francese 171
Savoia, famiglia 173
Scarano, don Nunzio, contabile della banca centrale della Santa Sede (Apsa) 175
Scarfò, Gianfranco, giudice di Napoli 199

Schönborn, Christoph, cardinale e arcivescovo di Vienna *ora* membro del collegio cardinalizio dello Ior 98-99
Scicluna, Charles, arcivescovo a Malta, presidente del Collegio per l'esame dei ricorsi della Congregazione per la dottrina della fede 52, 54-55, 115
Scola, Angelo, cardinale e vescovo di Milano 114, 141
Searson, Peter, prete, biografo di Benedetto XVI 33, 42-43, 155
Sepe, Crescenzio, arcivescovo di Napoli 113
Severi, Rosanna, perpetua di don Cantini 130, 132
Simeon, Marco, 182
Sinitò, don Salvatore, arciprete di Taormina 188
Sodano, Angelo, cardinale e arcivescovo, segretario di Stato di Giovanni Paolo II 98-99, 191
Stefanini, Laurent, diplomatico francese 170-171
Stefanoni, don Mauro, parroco di Laglio (Como) 119

Talucci, Rocco, vescovo di Brindisi 111
Tapsell, Kieran, avvocato australiano 34
Tomasi, Silvano, arcivescovo, rappresentante della Santa Sede all'Onu 51, 79, 169-170
Tomko, Jozef, cardinale slovacco capo dell'Entità (Servizi segreti del Vaticano) 156
Tornielli, Andrea, vaticanista 196
Trocchia, Nello, giornalista 198
Tropea, don Antonello, prete di Opido Mamertina (Calabria) 112
Turner, Ted, fondatore della Cnn 61
Turturro, don Paolo, prete di Palermo 138

Vallaud-Belkacem, Najat, ministro dell'Educazione 144
Vallejo Balda, Ángel, monsignore 45
Vallini, Agostino, cardinale, vicario di Roma 177
Valls, Manuel, primo ministro francese 104
Vanderlyn, André, parroco belga 107
Vangheluwe, Roger, vescovo di Bruges 107-110
Vásquez, Enrique, prelato del Costarica 11, 57-61
Vedelago, Chris, giornalista di "The Age" 33
Ventura, Luigi, arcivescovo, nunzio apostolico a Parigi 171
Viganò, Carlo Maria, arcivescovo, ex nunzio vaticano a Washington e ex governatore della Città del Vaticano 12, 179, 182, *183*, 185-187, 196
Vigorelli, don Pietro, ex abate e vescovo dell'abazia di Montecassino 173-174
Vigueras, Álex, superiore della Congregazione dei Sacri Cuori 74
Vingt-Trois, André, cardinale e arcivescovo di Parigi 143

Wagner, John, prete di Milwaukee (Stati Uniti) 89, 92, 93
Wallace-Jackson, David, avvocato dello studio legale Greene Espel 185
Weakland, Rembert, vescovo di Milwaukee (Stati Uniti) 92
Wehmeyer, Curtis, prete di Minneapolis 179, 181
Wesołowski, Jósef, arcivescovo polacco e nunzio nella Repubblica Dominicana 81-83
Widera, Sigfried, prete di Milwaukee (Stati Uniti) 88

Zappella, don Francesco, parroco di Borghetto Santo Spirito (Savona) 145, 146
Zeller, Philippe, ambasciatore della Repubblica francese alla Santa Sede 172-172